U0580529

后浪出版公司

如何成为讲话有趣的人

Do You Talk Funny?

7 Comedy Habits to Become a Better
(and Funnier) Public Speaker
David Nihill

[爱尔兰] 大卫·尼希尔 著

袁婧 译

四川文艺出版社

致我的父亲帕特里克·尼希尔（Patrick Nihill），幽默可以穿插在各种情景之中，这是他教会我的。

自 序

　　每个人都可以很幽默，我真心这么觉得，最起码总会有幽默的一瞬间。有些人天生幽默，有些人要通过努力才做得到。生活中我们总有开怀大笑的时刻。但怎么把好玩的故事讲给别人听，怎么和大家分享这份快乐，我们好像并不清楚。在这里我要告诉你一个好消息，幽默是一种技能，我们能学得会，在这方面，没人比脱口秀演员更有发言权了。

　　脱口秀演员的表演内容和形式历经了多年磨炼，可谓技艺精湛。他们就像马尔科姆·格拉德威尔（Malcolm Gladwell）所说，经过了一万小时的练习，最终成为大师。只是他们之中很少有人能给商务人士传授经验，其实商务人士也很需要这样的技能。几乎每本关于公众演讲的书都告诉我们，幽默是演讲成功的关键。但没有一本书教我们怎样变得幽默起来，这就如同把一台苹果笔记本电脑扔给一只山羊。没人教我们怎样把脱口秀表演技巧用在商务听众的身上。但我想做到这一点，所以我写了这本书。

　　书中的所有内容都是经由痛苦的学习得来的，是我从那些更聪明、更有经验的人身上学来的。我多希望自己一开始就知道这些事。它们对我很有帮助，我觉得对你也会有帮助。

　　如果你觉得本书没能帮你成为更出色、更有趣的演讲人，我很愿意退款给你。为了证明这一点，请把自己"没那么出色的演讲"的视频链接，连同收据一起发给我，邮件地址是 help@funnybizz.co。

　　本书 10% 的收入将通过渴望生命基金捐助给阿拉什·巴亚特马克(Arash Bayatmakou)，直到他的下肢完全康复为止。此外，还有 10% 的收入将捐助给面临同样困境的严重脊髓伤患。

引　言

　　我的心跳比平时快了许多，双脚僵直地戳在卡斯特罗戏院（Castro Theatre）的戏台上，台子是由饱经时间考验的深色硬木制成的。这座戏院是旧金山的地标性建筑，带有西班牙殖民时期的巴洛克风格，富丽堂皇的外表与它九十三年的历史很是相称，无数名人曾在此演出，但其中并不包括我。如果你不幸在我上台前和我握手，可能会觉得自己猛然握住了一条半解冻的鲭鱼。

　　虽然我没什么名气，但台下也有八百多双陌生的眼睛齐刷刷地盯着我。如果稍微伸伸脖子，顺着延伸的天花板看去，上面还有六百多张好奇的脸从豪华看台上俯视着我。所有人的目光都集中在我身上。戏台边上立着巨大的风琴。我没有什么音乐基础，但现在我宁愿去弹几个音符也不愿意震动声带，把该讲的话讲出来。

　　在一千四百多双好奇的眼睛里，我显得冷静、镇定、自信。但这都是假的，我的内心早已波涛汹涌。我太紧张了，太害怕会搞砸了。对于极度恐惧公众演讲的人来说，光站在这里已经是一种挑战，但我并不满足于撑着说下去，还打算讲得有趣一些。我不仅要让这些陌生人笑出来，还要他们在接下来的几分钟里全神贯注地听我讲话。

这是一件很疯狂的事，之前我从没登台讲过笑话。我甚至从来没有真正登过台。公众演讲曾经是，也一直是我最害怕的事。甚至比和鲨鱼对视还要让我害怕。

在澳大利亚的拜伦湾，我曾在一条正在休息的鲨鱼旁游了一会儿。它就在水面下二十五英尺 ① 的地方，旁边就是沃龙巴（Wollongbar）沉船，1922 年的一场龙卷风将它吹离拜伦湾码头沉在了这里。这艘沉船被弃置已久，现在已经成了穗纹鲨的天下，这种鲨鱼能长到十英尺长。它们是海中的牛头梗，总是一副睡不醒的样子，看着不太凶，但实际给你留下的创伤痛苦而绵长。

2004 年 2 月，一个名叫卢克·切斯格拉瓦克（Luke Tresoglavic）的浮潜者就以很痛苦的方式学到了这一课。鲨鱼咬住了他的腿，他游了一千英尺才回到岸上。当他驱车抵达当地的冲浪俱乐部时，鲨鱼还挂在他腿上。幸运的是这条鲨鱼很小，只有两英尺长，锋利的牙齿也只在他的腿上留下了刺伤。

---

① 1 英尺约等于 0.304 米。

　　我看到的这只更大，足有七英尺长。我小心地从面罩上拔下呼吸管，伸出去轻轻拍打鲨鱼。它不情愿地扭动、挣扎了一会儿，那劲头儿就像是要在凌晨 4 点起床赶飞机一样。阳光穿透清澈的海水，我抬头去看我的朋友，只看到一堆杂乱的气泡和惊慌摆动的四肢，他们正拼命从这里游开，估计是认为我死定了。

　　好像很多人都怕鲨鱼。但我很喜欢它们，而且一直如此。我的生活好像一直是这样：多数人害怕的东西我都甘之如饴。危机、风险和快乐总是常伴我左右。跳伞、攀岩、蹦极、无器械自由潜水、拍打野生动物，这些都不会让我害怕，反而让我异常兴奋。我不会主动去做那些让我害怕的事，这感觉就像是攀岩中突发意外（有一次攀岩真的出了意外，我在一座孤岛上摔坏了一条腿，那里唯一的医护人员是兽医。我很感激他，没有因为自己是兽医而抛弃我）。

　　但是，有一件事会把我吓得抖如筛糠：公众演讲。"害怕"这个词实在太轻了。对我来说，演讲相当于把鲨鱼、牙医、蜘蛛和恶毒的继母加在一起那么恐怖。

　　可见那天晚上我站在旧金山的舞台上，面对一千四百多人的举动有多疯狂。在如何从舞台上快速逃走这件事上，我可是个专家。但这一次我撑住了。在自寻难堪方面，我也是"绝地大师"般的存在。所有需要自我表现的场合都会被我搞得一团糟，有好几次真实的经历都可以证明这一点。

"我叫穆斯塔法（Mustafa），是从也门南部来的交换生。"

在大学人力资源管理课上，我的演讲是这样开头的。其实我压根不是交换生，也不是从也门来的，下面的听众都认识我。为什么要这样说呢？我要是知道就好了。上台前连灌四瓶科罗娜（Corona）啤酒的感觉可真好。演讲前我拎来六瓶啤酒，两瓶已经空了，在琢磨开场白的时候又喝了两瓶。轮到我的时候，老师自然对这种轻佻的方式和混乱的表达没什么好气儿。别误会，我不是酒鬼，你也不用劝我。喝酒只是为了当着全班演讲时不那么紧张。换作现在的我，肯定不会这样去做了。

那一年是我在这所爱尔兰顶尖学府的最后一年，每门课程都获得了一等荣誉的成绩，除了人力资源管理。70% 是一个神奇的数字，线上就是一等荣誉，是能在都柏林大学得到的最高荣誉。我那泛着酒味的演讲直接拉低了分数，毕业时把我拖成了二等荣誉学位。我觉得特别难受，而唯一能怪的只有自己。该死的公众演讲恐惧症。

读硕士之前，我在澳大利亚工作旅行了一年。为了纠正这个错误，我再次选了这门课，让自己重新来过。老师当然没有忘了我，也没有忘了我糟糕的公众演讲能力。第二次她给了我同样的分数，再次拉低了我的平均分，我又从一等变成了二等。基本上从本科到硕士研究生，我都在受公众演讲恐惧症的拖累，错失了得到最高荣誉的机会。

没过多久，恐惧症就开始蔓延到我的工作领域了。当时我在纽约找了份工作，为爱尔兰政府做市场营销，帮助有潜力的爱尔兰创业公司扩展美国业务。

作为新员工，我需要向团队进行自我介绍。这次手里没有啤酒了。我画了表格来阐明主要观点，但找不到地方挂。这时我开始紧张了，慌慌张张地找地方挂图。这儿有个 4×4 的框，完美！我抽出一条胶带然后……"不要！！！"突然有人尖叫。我完全没注意到，自己差点把纸贴在一幅价值四万美元的艺术作品上。有人说我给他们留下了很糟糕的第一印象。我说的"有人"是指所有人。

几年后我去了中国上海，成为霍特国际商学院（Hult International Business School）唯一的西方员工，自然也就成了霍特杯亚洲区比赛的候选主持人，这是一项由克林顿全球倡议组织（Clinton Global Initiative）举办的合作竞赛。我努力想要拒绝，但我需要组织者在另一个项目里帮我的忙，所以最后只好硬着头皮上。

和往常一样，我无比紧张。上台时手里拿的纸足有《战争与和平》那么厚。我磕磕绊绊地说着，安慰着自己：没关系，台下四百多名中国官员和听众多数听不懂我的爱尔兰口音。当然，我还把他们的中文名字弄混了。

这些都被翻译成了中文。

我曾拥有三次机会提高自己的学习和工作能力，全都被公众演讲恐惧症搞砸了，我没办法像个正常人那样面对一群人讲话。但这完全说不通，我不是这样的性格。我并不腼腆，而且还很外向。我可以和任何人聊天，看起来聪明、能干，能够处理好棘手的问题。但只要一面对观众，我就变成了朋友们口中"颤抖的史蒂文斯①"。我个性中的另一面开始流汗、结巴、哆嗦，有时还会自备科罗娜啤酒。这样的人你连一把尖叉子都不敢交给他，更别说是一屋子的客户了。

这样难堪的窘境总算到了尽头，当然这并不是我自己做出的决定。

我的朋友阿拉什脊髓严重受损，我想组织一场脱口秀表演来为他筹集继续治疗的资金，邀请一些顶级脱口秀演员前来表演。很幸运，我的老邻居提姆就是脱口秀演员，他很好心，答应了下来。但我没想到阿拉什会坚持要我做活动主持！他完全不知道我有公众演讲恐惧症，也不知道我讲得有多糟。他只知道我在生活中是个话唠，话多到有点吓人。这让我完全没办法拒绝。

我知道自己面对的是什么，所以在活动前找了所有能找到

---

① 原文为Shakin' Stevens，既是英国著名歌手希金斯·史蒂文斯的名字，也可以理解为"颤抖的史蒂文斯"，作者的朋友遂借此调侃他。

的资料，学习如何做脱口秀和公众演讲。提姆·费里斯（Tim Ferriss）是一名作家，也是一名企业家。他推广了"元学习"（meta learning）的概念，即用最短的时间学会一项新技能。在《4小时成为主厨》（*The 4-Hour Chef*）一书中，费里斯将一门技能分解成若干基础要素，把最有用的要素挑了出来。作为他的忠实粉丝，我认为这是移除心理障碍的好办法。

只剩一个问题了。

在《4小时成为主厨》里，费里斯选择去学习烹饪。这是他自己想做的事，不会让他痛苦到在那充满禅意的厨房里满地打滚。但对我来说，要一头扎进公共演讲的基础知识里也非常恐怖。肯定还有别的办法，除了公众演讲肯定有别的东西可学，我不能把自己吓得带上弓和箭逃到日本去学流镝马 ①（yabusame）。那我能学点什么呢？

脱口秀。

这个念头从我脑子里一闪而过，但被我清晰地捕捉到了。我喜欢逗别人笑，也擅长逗别人笑，只要对方是我的朋友，不是观众。脱口秀把我放在台上，面对一群观众，能做的只有沉在眼泪的海洋里，游着泳从台上逃走。是的，脱口秀可以锻炼我的入门技能。

---

① 流镝马（yabusame）：中世纪日本的一种骑射运动。——译者注

　　我参考了费里斯的畅销书。脱口秀能否分割成多个步骤进行呢？我能否用幽默来呈现一场令人印象深刻、富有感染力、卓有成效的演讲，同时自己又不会那么想去死呢？想要达成目标需要注意什么呢？根据马尔科姆·格拉德威尔的理论，脱口秀演员在台上经历了一万小时的试验和试错。单凭这样就能成为脱口秀高手吗？如果一个人觉得自己的幽默感并不强，在台上要怎么办呢？通过学习脱口秀和脱口秀技巧，我们能不能突出演讲重点，克服公众演讲的恐惧呢？这个过程能快一些吗？

　　不久后我发现，这些问题的答案都是肯定的。

　　之后的一整年，我化身为脱口秀演员"爱尔兰戴夫"。我从爱尔兰来，再把国名放在艺名里好像有些多余，但美国人民好像很乐意接受这个名字，所以我一整年都称自己为爱尔兰戴夫（有什么难的呢？我是个爱尔兰人，而且本来就叫戴夫）。新人没什么经验，很难在付费演出中登台，所以"爱尔兰戴夫"假装有过很多表演经验，当然都是在爱尔兰进行的表演。我做了一个网页，是个脸谱网的粉丝页面，上面写道："爱尔兰戴夫，闻名爱尔兰"——居然没有遭到任何怀疑。"美国戴夫"在美国能火得起来吗？估计很难。

　　我很喜欢玩风筝冲浪，一次在金门大桥活动后，我和一位浪友说起脱口秀遇到的困境。巧的是他在业余时间也是个脱口秀演员，于是自作主张帮我安排了个人专业脱口秀表演的首秀。

他联系了一位负责安排演出的朋友，稍稍扭曲了一下事实，说我是从爱尔兰来访问的优秀脱口秀演员。在我反应过来前，他已经安排好我在一场付费演出里表演二十分钟。二十分钟啊！但阿拉什的慈善活动已经日益临近，我决定登台演出。演出过程像是经历了烈火的洗礼，但神奇的是效果还不赖。表演的时候真的有人笑了，这对我是巨大的鼓舞，要知道我可是来自也门南部的穆斯塔法，是个灌了啤酒才敢当众讲话的病人，是偶尔才会在人力资源管理课上发言的"颤抖的史蒂文斯"。

无论慈善演出结果怎样，我都下定决心坚持一年。我决定采用帕累托法则（即 80/20 法则，20% 的投入能带来 80% 的结果），也就是要把最需要重视的东西挑出来，以便带来最优的结果。我要搞清楚笑话为什么好笑，怎样表达更好，有哪些事是脱口秀演员知道，而商业人士不知道的。作为经常游走在商业和脱口秀之间的人，如果能将它们合二为一就再好不过了。如果我能把这个过程记录下来，或许对别人有些帮助，这个探索过程也就值了。

这些我都没和别人说。那时我刚辞掉了一份薪水不错的工作，还不知道接下来要做什么。但我不想让家人为我担心，不想告诉他们我要成为脱口秀演员……是暂时成为，我还没有明确要做全职的脱口秀演员。之后的一场演出是由我和五位女士共同出演。演出的名字是《雌激素的权力与蛋蛋旁边的家伙》

（*Estrogen Entrée with a Side of Balls*），对，我就是那个蛋蛋旁边的家伙。我能想象出父亲会和我说什么："哦……戴维，真高兴你辞职后成了蛋蛋旁边的……你觉得现在回公司的话，他们还会再雇用你吗？"

我为什么这样看重脱口秀表演？抛开我对脱口秀的喜爱不谈，是什么让我坚信练习脱口秀能让我成为更好的公众演讲人呢？

第一个理由是科学告诉我的。"大脑对无聊的事不感兴趣。"生物学家约翰·梅迪纳（John Medina）在他的畅销书《大脑规则》（*Brain Rules*）一书中写道，像笑这样"情绪化的举动"能够释放多巴胺，它能大幅提高记忆力和信息处理能力。你可以把它当作一个便利贴，上面写着："记住！"

此外，如今观众已经习惯了以幽默的方式接收信息。托乔恩·斯图尔特①的福，人们想获取新闻时，再也不看《20/20》新闻杂志和《晚间新闻》了。观众想要的不是新闻，而是娱乐。

卡迈恩·加洛（Carmine Gallo）曾是一名新闻主播，后来转型成为作家、专栏作家和PPT演讲专家。总之，他说话人们愿意听。他认为一场成功的TED演讲有九个关键要素，幽默就是其中之一。"科学证明，无论是面对一个人还是一千个人，幽

---

① 乔恩·斯图尔特（Jon Stewart），美国电视主持人，在脱口秀中常以搞笑的形式讽刺新闻事件和人物。——译者注

默都能提高你传播或演讲的成功率。"它还能"降低观众的防备心，让他们更容易接受你的信息"。

在本书后面的部分你会看到，有些 TED 演讲每分钟让人发笑的频率比喜剧电影《宿醉》(*The Hangover*) 还高。更不用说他们还提供了更庞大的信息量。在我写作之时，TED 演讲最受欢迎的十位演讲人都在运用幽默手法。

顶尖的演讲家、有经验的创业者、成功的广告公司以及财富 500 强的公司都将幽默视为自己的终极武器，为的就是在这个充斥着铃声、震动和滑动解锁的现代世界里给你留下印象，他们确实成功了。优秀的演讲人都知道这一点。在每次成功的商务演讲中，我都能看到脱口秀演员所用的技巧。**如果我们的目标是提高公众演讲水平，脱口秀绝对能助我们一臂之力。**

戴伦·拉克洛斯 (Darren LaCroix) 曾在世界各地的演讲中讲过非常有趣的故事，展现过惊人的幽默才华，但他称自己"天生没有一丁点幽默细胞"。他自己就是一个活生生的例子，证明幽默是一种可以习得的技能。他自称"喜剧的学生"，并把幽默应用到公众演讲当中。2001 年，戴伦在世界公众演讲大赛上（是的，真有这个比赛）从来自 14 个国家的 25000 名选手中脱颖而出，赢得冠军。根据他的观点，成功的演讲有三个要点："舞台时间，舞台时间，舞台时间"。

对没有经验的演讲人来说，"开放麦之夜"是个绝佳的锻炼机会，观众很少，各大城市每晚都有。在纽约，比较勤奋的脱口秀演员一晚上台 4 次也不是什么新鲜事。多数职业表演者会告诉你，想要以脱口秀表演为生需要 7 年的时间。他们平均一天花 4 个小时磨炼技巧，其中包括写作、练习、观摩以及表演。一天 4 个小时也就意味着很多专注的脱口秀演员一年花在磨炼技术上的时间大约有 1460 小时，7 年的总和超过了 10000 小时。如果舞台时间如此重要，那么坚持脱口秀练习，哪怕只练习一小段，也是明智之举。

对脱口秀演员来说，一小时的表演中（一般创作过程按年计算）每一分钟都要投入 22 个小时准备。而作为商务演讲者，我们并不需要讲满 60 分钟。在 9 分钟的商务演讲中，你只需要一分钟精当的幽默表述，让大家笑上四五次，就能比 90% 的商务演讲人更有趣（也更有效），因为其他人说得实在太无聊了！大部分同类演讲都需要观众自备枕头、热牛奶和懒人毛毯！

在为爱尔兰政府和普华永道公司工作时，我可以称得上是整个爱尔兰最悠闲的人。因为多数演讲都过度包装、令人乏味，冗长的幻灯片已经过时了。谁会花一个小时只听一个人说话呢？多数人超过 10 分钟就会转移注意力。约翰·梅迪纳在《大脑规则》一书中写道，著名教育家威尔伯特·麦基奇（Wilbert McKeachie）的研究表明："一般在课堂的前 10 分钟，人们的注意力会不断聚集，超过这个点就开始分散。"这就是很多 TED 演讲都不超过 10 分钟的原因。

他们发现，简洁能带来轻松感。

但这并不是由他们首次发现的。历史上最优秀的演讲家都会把演讲控制在 20 分钟内。亚伯拉罕·林肯的"葛底斯堡演说"只有 272 个字，时长不超过 3 分钟。温斯顿·丘吉尔的就职演讲《热血、辛劳、眼泪和汗水》只有 688 个字，时长仅 5 分多钟。最能表达两个人之间情感互动的只有三个词："我""爱"和"蛋糕"。

在基础层面上，脱口秀是内容（你说了什么）和方式（你要怎么说）的结合，这和普通演讲没什么区别。电视台给脱口秀新人的时限一般是 5 分钟，因此他们只能不断对内容提炼、提炼，再提炼，才能让每个词发挥最大作用。脱口秀界有一句话："紧凑的 5 分钟比松散的 15 分钟好得多。"但商务演讲完全不同，演讲中有很多松散的段落。为什么？因为他们没有上台练习过，没有精巧的结构，也没有仔细编排出最好的效果——多数人没有为此进行过大量的练习。相反，经常演讲的人知道怎样能做到最好。他们知道在哪里抖包袱，了解应当如何措辞，懂得掌握时机。他们就像脱口秀演员一样。

经历 2008 年的金融风暴之后，就业市场和主流观点对于工作这件事的看法发生了根本性改变。长期雇用制度曾要求员工对公司忠诚，但现在已经不复存在了。员工不会一心扑在公司，因为他们不相信公司会给出同等的回报。为了安定和生计，你能做什么、需要做什么都在不断地变化，你做过什么、为谁工作过已经不再重要了。

领英的创始人雷德·霍夫曼（Reid Hoffman）告诉我们，是时候"开启你的创业生涯"了。詹姆斯·阿尔图切尔（James Altucher）说，你应当"选择自己"。为了做到这一点，无论你喜不喜欢，都需要自我营销，就像《4小时成为主厨》的作者提姆·费里斯那样。他做得很成功，并且启发了我。对自我营销来说，很重要的一点是要抓住一切讲述的机会。同样不喜欢公众演讲的提姆是怎么看待这件事的呢？"如果你们被狮子追着跑，不用比狮子跑得快，只要比其他人跑得快就够了。演讲也是一样：你不用说得特别完美，只要比那么几个人说得好就够了。"

脱口秀对提升公众演讲力有极大的帮助，我们不仅能跑赢狮子，还能把它甩在飞扬的尘土中放声大笑。这是本书的基本前提，也是我接下来要告诉你的：怎样用幽默技巧提升演讲能力，让这个世界变得更加有趣。

在这一年里，我从极度恐惧公众演讲变成了脱口秀主演，我主持了商业会议和慈善演出，还在很多商业集会上发言。在这一年里，我以"爱尔兰戴夫"之名，在南加州所有的高级脱口秀俱乐部里演出了几百场。我拜访了几百位脱口秀演员、表演家和公众演讲专家，读了所有我能找到的相关书籍、语录和箴言。我根据 80/20 法则对练习技巧进行了分解（感谢帕累托），通过一系列实验找到了七个最有效果的原则，也可以说是习惯。在本书中，我会详细解释这七个原则。这七个原则都独立成章，详解之后还有一些应用练习。有些人可能马上就要摆出斗牛犬嚼马蜂似的哭脸了。练习？别担心！特别简单，通过练习，我们已经让上千人理解了这些概念（还有一本练习册，可以在 http://7comedyhabits/workbook 里找到）。你可以随时在书后的"窍门清单"（对，这是我造的词）中找到所需的技巧。它和文献列表一样，只是叫法不同，更加实用。如果我能早点知道这七个原则和这些窍门，就不会花那么多时间、丢那么多人了。相信我，既然我都能战胜"颤抖的史蒂文斯"，那么你也能战胜你的恐惧。

通过多年来的学习和自我检验，我得出了以下三个结论：

1. 顶尖的商务演讲人都在使用幽默技巧；

2. 他们处理笑话的方式和脱口秀演员相同，虽然他们本人可能并没有意识到；

3. 引人发笑并不需要天生的幽默感。我见过很多没有天生幽默感的脱口秀演员。

老实说，我现在对公众演讲依然心怀畏惧。不同之处在于，现在我可以掌控它了。我有一串经过反复验证的搞笑故事，它们能激发出人类最强大的一种力量：快乐。

  我来自爱尔兰，有点口音。如果我说了笑话你们没笑，我就当你们没听懂，我会再说一遍。

我现在还会用这个笑点（事实上我已经用了很多很多次），每次用观众都会笑。这是我在脱口秀俱乐部和开放麦之夜积攒下来的，在商务演讲中我也会用，它是我众多笑点当中的一个。这背后有一套结构和方法，将它与其他六个原则融合在一起，你会变成更幽默的演讲人，将演讲恐惧抛在脑后。

  这不是一本魔法书。读完这七个原则，你不可能立刻变得更幽默、更成功，或是更有吸引力。但只要加以练习，这些都是有可能的。

目 录

第1章 从故事开始 001

　　通过故事学习 002

　　通过故事树立品牌 004

　　怎样构建故事 007

　　讲故事的艺术 012

第2章 添加幽默元素——找到笑点 019

　　笑话漏斗 027

　　段子集 041

第3章 写出幽默感 045

　　尽可能与现场联系起来 048

　　设置好场景 049

　　给写作和演讲注入观点 050

卖点要清晰 050

善于扣题 051

善于跟踪媒体热点 052

尽可能加入表演元素或使用不同声音 053

写作使用现在时态 054

使用具有幽默感的词 054

要记住，简洁能带来轻松感 055

运用"3"的法则 055

在幽默中运用"3"的法则 057

使用搞笑图片和视频 059

第4章 台上一分钟，台下十年功 064

模拟现场进行练习 069

接受酒吧测试 070

不要忘词 073

如何建造记忆宫殿 075

避免怯场 076

第5章 表 演 081

开头有力/前30秒 083

应对现场 087

台上表演 089

即兴创作 093

第6章 掌控听众 102

吸引注意力 106

不要忽视干扰，时刻准备应对突发事件 106

永远不要超时 109

永远不要以问答作为结束 111

第7章 合上书，没有结束——永远调试 114

交织的两个故事 117

真正的胜利 121

审视内容的表现力 122

评估测试 123

我写作本书期间10个最受欢迎的TED演讲（注意，不是最
搞笑的10个演讲） 127

新的前5名（当好莱坞与TED相遇） 128

第8章 结 语 132

更多资料 139

窍门清单 141

致　谢 165

第1章 从故事开始

> 故事是对生活的一种创造性转化，它让生活变得更有力度、清晰、有意义。故事是人类交流的货币。
>
> ——罗伯特·麦基（Robert McKee）

午夜从隆隆的噪声中醒来，我睡在危地马拉一间无窗的小屋子里，这个国家遍布着火山。那时我25岁，刚搬来寄宿在当地的一户人家里，这是西班牙语言学校寄宿家庭项目的一部分。不幸的是，这隆隆的响声是从我的胃里发出来的，原因是食物中毒。很快我发现中毒的情况十分严重。剧烈且毫无规律的肠道阵痛使我蜷缩起来，我寄宿家庭的主人就睡在隔壁，完全没有被这种折磨肠道的超级细菌影响。20分钟后，我开始喷射状呕吐，完全停不下来。屋里没有窗户或垃圾桶，我也没有时间反应，塞满衣服的背包首先遭受了呕吐风暴的洗礼，接着是地板和墙壁。这时我听到脚步声靠近了。

我的房东妈妈佛罗（Flor）冲了进来，她体格彪悍，穿着当地传统的长裙，我浑身沾满呕吐物，她的白墙被染成了50度绿。我第二天才会开始语言学习的课程，这时对西班牙语一窍不通。于是我挣扎着从黏糊糊的行李里抽出一本袖珍字典，翻到健康的章节，用受惊小狗般的眼神可怜巴巴地看着她，手指着知识的源泉大声念道："Vomitando... Vomitandoaquí（呕吐……吐在这儿）。"我指着自己的背包，又指着地板，"aquí（这儿）。"接着又向着墙吐了一大口，"aquí también（还有这儿）。"

"Alcohólico de Irlanda（爱尔兰酒鬼）。"她喃喃自语着，丝毫没有怀疑自己的饭菜，而是武断地认为这一定和我的国家文化有关。

通过故事学习

幸好我恢复得快，西班牙语也有了长进。可我再也忘不了西班牙语里的"呕吐"这个词了，相信你也忘不了。经历能够强化你的记忆，而故事（一种被广为分享的经历）也能达到同样的效果。无论结果好坏，人类的大脑天生习惯通过故事去认知、记忆和消化信息。故事帮助我们学习。

语言快速习得专家班尼·刘易斯（Benny Lewis，我的爱尔兰老乡）也强调运用记忆术的重要性。他将其定义为"信息贮存技巧的总和"，目的是将信息转变成更容易留存在大脑中的形态。他有一个关于西班牙语单词 caber 的例子，意思是"适合放置"。Caber 会让英语国家的人想起两个词：出租车（cab）和熊（bear）。我们可以用记忆术编出一个具有画面感的小故事：一只熊正费力地把自己挤进出租车里。要想记得牢，你就要把这个不可能发生的场景在脑中具象化，细节越丰富越好。这一做法是基于科学家长期以来的研究：大脑是通过故事和视觉提示学习的。班尼会说 12 国语言，他整体的学习时间比我学会基础西班牙语的时间还要短。

> 人类通过比喻思考，通过故事学习。
> ——玛丽·凯瑟琳·贝特森（Mary Catherine Bateson）

演讲需要故事的一个重要原因是故事帮我们学习和记忆，而我们都希望观众能从中学到或记下一些事情。

很多人都去过脱口秀俱乐部，被演员逗得狂笑不止，但我们很难记住他们的名字，或者他们到底说了什么。对商务演讲者来说也是一样。如果一个人用摆事实讲道理的方法传递信息，我们的大脑很难回忆起来。

不要这样做。作为公众演讲人，我们的目标是给人留下印象，让信息经观众之口流传开来。最好的办法就是顺从大脑的喜好，把信息包裹在故事里。

通过故事树立品牌

故事有助于记忆，但我们需要故事还有另一个理由：故事在你和品牌间建立联系，将品牌人格化。

想想"品牌"一词的原意。它最初是指用滚烫的金属在牛的身上烙下印记。"烙印"表达的意思很简单，"这是戴夫的奶牛"。现在人们所说的"品牌"其实也在发挥差不多的功能，它能决定当人们想起你时，他们会想到什么。而故事正是这一功能的绝佳助推器。故事做的就是市场营销的工作，它在人们的脑海中树一个标杆，与你联系在一起。一部分市场营销人员认为醒目的颜色、字体和版权音乐才是"品牌"。把它们当作故事的组成元素固然很好。但如果没了故事，这就是随便的一头奶牛而已。

安·汉德利（Ann Handley）是一名内容营销从业者，曾给整个行业带来启发。谈到讲故事，她说："有些品牌做得很不错，但在过去的几十年里，讲故事并不是营销人员必备的技能。"哈里森·莫纳斯（Harrison Monarth）曾在《哈佛商业评论》（*Harvard Business Review*）上发表文章，谈到约翰·霍普金斯大学的研究人员凯斯·奎森贝利（Keith Quesenberry）曾对"微电影"一类的广告进行过有效性研究。他说："人们会被故事吸引，因为我们都是社会性动物，会和他人产生联系。"

可能你并不在市场营销领域工作，但当你站起来演讲的时候，就是在贩卖内容、观点，甚至是你的奶牛。你需要培养自己讲故事的能力，更好地进行自我营销。无论你想说的是自己有多讨厌危地马拉的寄宿家庭，还是怎样引领公司走出困境，基本原则都是相同的。你总要讲个故事。

大多数八岁的孩子还在学习挤柠檬的时候，盖里·维纳切克（Gary Vaynerchuck）已经在自家附近开了七个贩卖柠檬水的摊位。那时，他们全家刚从白俄罗斯迁居到美国新泽西州爱迪生市。凭借这种迅猛的速度，他取得了无数商业成功。他成了畅销书作家，在电视上出了名，很快就要实现自己的目标，买下纽约喷气机球队了。他还是一名顶尖的商务演讲家，能熟练运用幽默技巧。维纳切克说："只要讲好故事就能赢，就是这样。"

著名的例子比比皆是。爱彼迎（Airbnb）从一家失败的创业公司一跃成为估值十亿美金的企业，这与创始人成长为讲故事高手密不可分。网站 2007 年成立，那时乔·杰比亚（Joe Gebbia）和布赖恩·切斯科（Brian Chesky）还付不起房租。正好旧金山要召开设计大会，城内的酒店全都订满了，他们想出一个主意，把客厅地板上的三个充气床垫租了出去，并为客人提供早餐。2008 年 8 月 11 日，Airbedandbreakfast.com 网站正式上线（后简称 Airbnb），起初运营很艰难。没有启动资金，创始人只能四处自筹资金，努力维持自己的梦想。他们不得不做回设计老本行，包装出了两款以"总统选举"为主题的早餐麦片——一款名为"奥巴马O麦圈"，一款名为"船长麦凯恩"。两个月内，两款麦片总共卖出800盒（每盒40美金），为资金短缺的创始人赚得了3万美金的利润。

他们之所以能创建起爱彼迎，是靠贩卖早餐麦片挣扎起家，当乔和布赖恩再讲起这个故事时，总能给人留下很深的印象。在这个故事里，他们自己想办法解决了实际问题，他们充满热情，为了成功愿意去做一切事。

他们的这股闯劲打动了投资人保罗·格雷厄姆（Paul Graham），虽然他起初并不看好这个创业点子，但还是决定让爱彼迎加入到Y Combinator项目中来（一家美国孵化器公司，为早期创业公司提供资金和指导）。他们接受了许多顶级公司和投资人的多轮融资，截至2014年4月估值大约10亿美金。

塞思·高汀（Seth Godin）是一位高产的作家、博客写手，也是有趣的公众演说家。他曾撰写多部重要营销著作，如《紫牛：小即是大》和《许可营销》，其中的观点被不断引用、消化和重新阐释。他认为："营销关注的不再是你生产了什么，而是你讲了什么故事。"在这一观点的基础上，海蒂·科恩（Heidi Cohen）在自己的营销指南博客里写道："社交媒体时代，你的公司要尽全力生产出最好的产品，顾客会在社交媒体平台和生活中探讨、评论。产品需要故事来提供情景和情绪。有故事就有开头、中间和结尾。"

爱彼迎讲了一个好故事，它清晰地解释了这是一家什么样的公司，有怎样的价值观，直接满足目标用户的需求。乔和布赖恩努力为忠实的用户提供一种家一般的感觉，这种归属感是在传统酒店里感受不到的。他们的故事省去了很多营销费用，因为他们的传说已经通过媒体和用户广为传播了。酒店行业迎来了新的竞争者，这名竞争者有创造力、热情、闯劲，而且还有一个好故事。**人们不是在投资你的生意或产品，他们是在投资你的故事。如果想要别人记住你说了什么，就要讲个吸引人的故事。**

"故事就是一切。"ABC 电视台《鲨鱼坦克》(*Shark Tank*)真人秀评委芭芭拉·科科伦（Barbara Corcoran）曾说："你可以给我看 MBA 证书和销售业绩，但如果你给我讲个故事，告诉我你是怎样起步，有怎样的视野，我们才能交谈起来。"

这套逻辑也同样适用于脱口秀。有故事的笑话才能把观众带入情境之中，才能让他们投资或是笑出声来。

怎样构建故事

怎样才能构建出一个好故事呢？无论是不是商务演讲，故事都要包含个人元素。把自己融入故事里，观众的反应才更强烈。讲别人的故事前先从自己的经历着手。没有人比你更熟悉自己的故事，讲起来也更加轻松。记住，我们的目标是提高公众演讲能力，脱口秀只是手段。

想要故事更吸引人、更容易记忆、更快逗人发笑，就需要包含一些基本元素。"谁想要什么？阻碍是什么？"曾获金球奖和三次艾美奖提名的编剧比尔·格伦菲斯特（Bill Grundfest）认为，这是将所有故事简化到极致的秘密武器。但故事好不好，还要看添加了哪些细节。我们需要往骨架上填肉，具体包含以下要素：

有主角/主人公

确定故事的中心人物。比起故事情节，人们总是把人物记得更清楚。在我的故事里，目前有"颤抖的史蒂文斯""穆斯塔法"以及经验颇丰的脱口秀演员"爱尔兰戴夫"。

描述主人公面对的困难

主人公要克服什么困难？他们想要什么？阻碍是什么？既可以是令人深感不安的危地马拉食物，也可以是令人恐慌的公众演讲。这是故事张力的源泉。

营造突破性情绪

你需要一种能突破障碍的情绪：爱、欲望、贪婪、热情和失败都是很好的选择。

有明确的努力或转变

主人公要向着目标或是解决方案前进。无论目标是找卫生间，还是成功地精练了语句。

给故事制造冲突和转折

不要让听众猜到接下来会发生什么。可以添加不易解决的问题或挑战。

显得可信

要让听众专心听故事，不去质疑真伪。脆弱和玩笑在这里都是能被接受的。可以告诉大家你的真实感受，在舞台上做一些真心的袒露。如果某件事很可怕，没人想听你是怎样自信去克服的。如果你的手像半解冻的鲭鱼一样冰凉，可以告诉大家。

给故事一个发展的契机

我们通常称其为"诱发事件"，这一概念是讲故事高手罗伯特·麦基（Robert McKee）在著名的三天"故事培训班"中提出并广为流传的。《重返荣耀》（*The Legend of Bagger Vance*）和《艺术之战》（*The War of Art*）的作者史蒂文·普莱斯菲尔德（Steven Pressfield）曾说："正是戏剧或小说中的诱发事件使故事不断发展。在电影《宿醉》中，几个人在废弃的别墅里醒过来，记不清昨夜发生了什么，这时他们发现自己的朋友道格丢了，这样故事就开始了。之前发生的事都成了铺垫……重新看看自己的故事，'诱发事件是什么？''故事的契机是什么？'你会惊讶地发现那些失败的小说／脱口秀／餐厅／创业公司没有诱发事件。这就是他们失败的原因。"

一开始就想好结尾（最有冲击力的一句）

最后一句要最先写。之后再去琢磨诱发事件和开头。

造出一个勾住读者注意力的钩子，把他们拖进故事

在注意力日益分散的今天，这一点格外重要。要观众把手机放在口袋里，你需要给他们一个理由。举例来说，卡斯特罗戏院的那天晚上后来发生了什么？对一个恐惧公众演讲的人，站在 1400 人面前可不是件容易的事。可能你在想我还会不会讲述这段经历，别担心，我会讲到的。

在故事的结尾呼应开头

这是一种写作手法，能带给你故事完整对称的感觉。更多内容可参见第 7 章。

将故事分解为三段式结构

三段分别是组织（开头）、对峙（中间）和解决（结尾）。

钩子和诱发事件通常都在第一段里。"人们已经忘了要怎样讲故事，"史蒂芬·斯皮尔伯格说，"故事已经没有中间和结尾

了。只有一个没完没了的开头。"如果世界上最伟大的导演之一都说这是个问题，那它就是个问题。注意不要犯相同的错误。

娱乐效果

现代社会中，讲故事就是讲笑话。观众想听的是轻松愉快的故事。爱彼迎以这种思路给麦片起了时髦的名字。受人欢迎的故事一定包含着个人经历，这样听众才会和自己的生活联系起来。最好的故事讲述的不是叙述人的故事，而是听众的故事。很多营销人员和演讲人都忘了这一点。

想要达到娱乐效果，有时并不需要讲笑话。卡迈恩·加洛在《像 TED 一样演讲：创造世界顶级演讲的 9 个秘诀》（*Talk like TED:The 9 Public-Speaking Secrets of the World's Top Minds*）中提道："幽默的有趣之处在于想要引人发笑其实并不用讲笑话。"只要你能随意一些，或是敢于说真话。

我在舞台上就验证了这一点。最猛烈的笑声通常源于我所转述的生活中的故事和遭遇，而不是那些经过精巧构思的妙语或观点。那个呕吐的故事就带来了很多笑声，效果远比押韵的俏皮话好得多。这个世界本来就很有趣，你的生活可能更有趣。只要接受了这一点，你就能从日常生活中看到有趣的事，编出好玩的故事。唯一要做的就是将它们记录下来，然后讲给别人听。

关于个人故事的笑话最安全，因为它们是原创的，没人听过，练习打磨后能展现出高度个性化的风格。

———艾伦·魏斯（Alan Weiss）

讲故事的艺术

2014年5月一个狂风大作的夜晚，我去旧金山参加了"飞蛾故事会"（The Moth storytelling series），这是由作家乔治·道斯·格林（George Dawes Green）创办的。从1997年开办以来呈现了数以千计的故事，每个故事都是现场脱稿讲述，讲给台下和全世界的观众听。这里既有演员、作家、商务演讲人，也有很多普通人。简而言之，这里是进行TED这类演讲的绝佳演练地。知名度较高的讲述人有马尔科姆·格拉德威尔、萨尔曼·拉什迪（Salman Rushdie）、约翰·图图罗（John Turturro）、安妮·普鲁（Annie Proulx）、加布里埃尔·拜恩（Gabriel Byrne）和阿诺德·斯蒂芬·雅各布（AJ Jacobs）。也有一些不太出名的人……比如有个爱尔兰人，名字绝对不是加布里埃尔·拜恩。

对于畏惧公众演讲的人，这种形式太吓人了。你可以报名，但并不能保证肯定轮到你来讲。故事会有十个名额，一般报名的都不止十位。名字会在舞台现场随机抽取。在朋友的坚持下，我把自己的名字也放进帽子里，让命运来决定是否让我上台。

很快就开始抽签了，我们既不知道顺序，也不知道会不会被抽中，除了等待什么都做不了。

屋里挤满了人，虽然吹着空调的冷风，我还是不由自主地冒汗。还好，我已经学会了穿深色的衣服来掩盖汗迹。虽然演讲需要展现人性的一面，但也不是非要把汗迹暴露出来。

其实，展现人性是讲好故事或表演成功的一个非常重要的因素。亚当·高普尼克（Adam Gopnik）是"飞蛾故事会"里故事讲得最好的一位，他还是《纽约时报》的供稿人。他给好的讲述人和好的故事列出了标准：讲述人能从观众的反馈中获得力量，特别享受与观众之间来来回回的电场冲撞。如果这不能让你兴奋起来，你就当不好一个讲述人。而好故事是你生活中独有且特殊的内容。故事的魔力和矛盾点在于，它既要有独特的元素，也要有普遍性，是大家都经历过的事情。

好的讲述人要有人味儿。能表现出脆弱，禁得住难堪，在成功面前敢于言败。迈克·比尔比利亚（Mike Birbiglia）是一名脱口秀演员，也是"飞蛾故事会"的讲述人，他描述过高中时第一次和人"亲热"的场景："感觉就像看着一只狗吃意大利面。"他觉得接吻是件特别诡异的事，所以从未尝试过。但他到处宣称自己有过经验。到最后他说："那感觉就像把意大利面和叉子放在一起嚼。"他回忆道，初次亲热后女孩对他的朋友说，他是个极其糟糕的接吻对象，这种公开的嫌恶让人很难堪，也许每个人在生命的某一时刻都有过这样的体验。虽然顶着"史上最糟糕接吻对象"的头衔，他没有承认自己缺乏经验，而是企图在兄弟们面前挽回形象："是啊，没错。我就是糟糕的接吻对象。这就是我的特点。"这才是观众想听的，人性中最本质的东西。在听成功故事之前，大家都想知道这个人出过什么糗，如果他一直讲糗事，大家会更加欢迎。

我坐在故事会的人群中，看着主持人扎耶（Dhaya）从帽子里一张一张地抽出名字高声朗读，他看起来像是技艺精湛的舞台演员，每过一秒，我的神经都变得更加紧绷。命运悬而未决的时候，你几乎不可能关注别人在讲什么。讲述人来来去去，动作犹如镜头慢放一般令我倍感折磨。也许今晚我真的能逃出生天。已经有九位讲述人离开了舞台，他们为一群陌生的观众讲述了自己的故事，我紧张地坐在那里，身体无法控制地忽冷忽热。最后，"接下来，让我们热烈欢迎最后一位讲述人，大卫·尼希尔。"

那一瞬间我浑身发软，脑海中依稀记得最重要的一件事：这个故事是你自己的。你比任何人都更了解。不用刻意回忆。这个故事你曾经给朋友、家人和同事讲过，在公司、晚宴和非正式场合讲过。之前你练习过。

上台后我开始放松。之前恐怖的人群化为友好面孔的海洋。大家都不想看我搞砸——起码多数人都不想。归根结底，人们希望看到别人成功，为他们击掌庆贺，尤其是当此人与自己相连或相关的时候。讲故事就能达到这个效果，尤其是讲关于自己的故事。我讲了一个在上海生活的故事。它是我的，我比其他人更清楚，因为它就发生在我身上。讲述的时候，我能感到自己和观众产生了联系。我的笑话起了作用，观众从我的个人经历中得到了共鸣，随着点起头。剧烈的掌声响起，我知道一切都结束了。分数超过了所有人，我赢了。

"飞蛾故事会"里有真正会讲故事的艺术家。以下的小贴士能帮助讲述人从新手成为专家：

预先警告：故事是讲的，不是读的

讲述人想要与观众产生共鸣，中间不能隔着稿子！故事应该记在心里，而不是死记硬背。不要携带便条、稿件，也不要在舞台上看小抄。

凸显重要程度

重要性是现场讲故事最基础的要素。你是赢了还是输了？为什么这个故事对你特别重要？如果回答不了这个问题，就应该另想别的故事了。不重要的故事可以放在文章里，落在纸面上，但不要放到舞台上。

从行动讲起

第一句就讲明重要性，抓住对方的注意力。

不要说："我想去爬这座山。但我看了会儿电视，吃了点零食，又睡了一觉。妈妈打电话来向我抱怨自己的牛皮癣，之后我又洗了洗衣服（一堆白衣服）（又搞丢了一只袜子，见鬼！），之后想了想，决定明天再去爬山。"

而要说："山已经近在咫尺。我有猎刀、一些随身零食和雪地靴。我必须在太阳下山冻死之前赶到小屋生起火来。"

结尾不要太过曲折

这样的结尾会毁了一个故事！在开讲前就要想好最后一句话。是的，讲故事的时候你知道会发生什么，记住，是你在掌控这个故事，一定要知道最后在哪里结束。把双手放到方向盘上！

充分熟悉故事内容，这样才能感受到乐趣

看着演讲人绞尽脑汁回忆接下来的台词，对观众也是一种折磨。列出大纲，分条记下要点，辅之以细节。享受这个过程。想象自己在晚宴里，而不是法庭上。

我讲故事遵循的就是这些原则，但我还做了另一件事：把演讲变得更有趣。其实，我之所以在旧金山那个大风的夜晚超过了前九位演讲人，最大的优势就是我讲得更有趣。飞蛾不会要求你把故事变得更有趣，但凡是加入幽默元素的演讲都很成功。如今我获得了很多故事奖，也有了一些和国内名人同台演

出的机会，幽默一直是故事里很重要的部分，对我最终的胜利也至关重要。下一章中，我们将更多地探讨如何在故事里添加幽默元素。

　　无论你是脱口秀演员、讲故事的新手还是正在摧毁一个危地马拉家庭的不合格西班牙语学生，你的故事都很重要，讲述方法的不同决定了接受程度的不同。把故事、人性和笑声结合在一起，是公众演讲的巨大优势，而这些原始材料你早就掌握了。毕竟我们的生活中总有好玩的事发生，只要在真实的舞台上呈现出来就好。

练习：为有趣的故事建档

回忆一下，把发生在自己或朋友身上的趣事列个单子。如果你到朋友或家人的办公室，会讲哪些故事？在这个阶段，要挖掘更多有趣的事。

你还可以从自己喜欢的书里摘取素材——这招其实很管用，因为大多数人连最畅销的书都没读过，这是个好方法。

回忆自己在旅游、中学、大学、聚会或工作中的经历，回忆与父母、岳父母、顾客和客户的交流。看看老照片也能帮你唤起记忆。我们或多或少都有过搞笑窘迫的体验，就像比尔比利亚讲自己初吻经历那样，即便当时觉得不好笑，现在也好笑了。正如查理·卓别林（Charlie Chaplin）所说，有时"想要尽情地欢笑，你必须能够直面自己的痛苦，并和它嬉戏"。

把自己已经熟悉和喜欢谈论的话题挑出来。这会让你在台上的表演更加吸引人。想象一下自己最好的朋友、伴侣或同事会怎样补完这个句子："（你的名字）总是说起……"这就给故事清单开了个头，后面我们还会讲到如何编辑修改。

常去听听别人的故事，也有助于唤起自己的记忆。带着这个想法，这周就买票去看看脱口秀，听听故事会吧，也可以收听"飞蛾"（Moth）、"冒险"（Risk）、"羞愧"（Mortified）或是"当机立断"（Snap Judgment）这些播客。记住，好故事都是从不起眼的话题中演化来的。

第2章　添加幽默元素——找到笑点

笑过后才会开始凝神静听。

——杰弗里·吉特默（Jeffrey Gitomer）

2000年时，我幸运地和一群爱尔兰学生去美国参加了一个暑期带薪实习项目。我们原本计划住在波士顿，但由于临时房源十分紧张，最后在新罕布什尔州的汉普顿海滩住了下来。虽然没能看到麻省理工学院和哈佛大学的人文景观，但也没有阻碍我们享受愉快的假期。很快我们就与这个国家的座右铭一拍即合，"不自由，毋宁死"，尽情享受新环境带来的快乐：自由生活、拓展认知边界，同时尽量保证自己的生命安全。

有一天，邻居递给我一个啤酒漏斗（beer bong）[①]。之前我从没用漏斗喝过酒。老实说，我觉得这样做没有任何意义。我们爱尔兰人更喜欢老老实实喝一杯，而不是用管子直接把酒灌进喉咙里。爱尔兰人只有一种饮酒游戏，我们称之为生活。

---

① 啤酒漏斗：一个漏斗下接一根长的管子，一方从漏斗里倒酒，一方把管子放到嘴里。——译者注

"就当我是老古董好了。"我看着他手里巨大的漏斗说,"用杯子喝上一品脱就挺好的。"

"好吧。喝不了就算了。"

我眯起眼,好胜心一下就被激起来了。爱尔兰人不经常在比赛中获胜,但在追求得不偿失的胜利时却从不示弱。

"把漏斗给我。"

十二漏斗的啤酒后,我终于撑不住了。熟悉这种喝酒方式的人都知道,我这时是什么样,之后又要变成什么样。没过多久就听到有人高喊:"汉普顿警方,开门!"听起来像是在敲隔壁屋的门。我认为警察应该是文明的典范,即便是爱尔兰警察也是一样,我知道他们进屋是需要授权的。于是我拿着漏斗,礼貌地拉开门上遮盖的窗帘,友好地向他们挥手。

门突然就弹开了。原来,警察和警察协议是两回事。

"穿灰色 T 恤的人在哪儿?"警察边喊边气势汹汹地走上前来。见鬼,我想,这家伙完了。

向下一看,我自己就穿着灰色 T 恤。

见鬼。

讲到这儿,观众都笑了。这一刻我意识到,自己才是警察要找的人,这就是我埋下的笑点。这个故事我给朋友和家人讲过许多遍,知道笑点藏在哪里。

现在我们理解了讲好故事的重要性，也知道为了讲好故事要添加哪些要素，让我们看看怎样把幽默元素加进来。第 1 章中提到，我在"飞蛾故事会"讲的故事比其他人都好玩。为什么？因为这个故事我练习过，在站上脱口秀的舞台面对这群挑剔观众之前我就练习过。正如杰瑞·宋飞（Jerry Seinfeld）所说："在文明社会里，没人比脱口秀演员受到的评判更加严苛。人们只听十二秒就做出了评价。"

第一次登上开放麦之夜或是戏剧表演的舞台时，要注意缩减内容，去掉不必要的部分。很快你就能摸清笑点的位置了，也知道如何缩短前面的过程。优秀的商务演讲者就是这样做的。寻找笑点最好的方法就是试错，只要试对一次你就会记住它。观众的笑声会在此处烙下印记，因为逗人发笑是件让人心情十分愉悦的事。

如果问一个人想不想变得更幽默，多数人都愿意，有谁会拒绝呢？所有人都喜欢有趣的笑话。无论在个人生活还是事业中，玩笑能带给我们帮助。懂得使用幽默能和人建立更深入的联系和更亲密的关系，让你个人能力更强，赚得更多，激励更有效，被人更多地提及，给人留下更深印象，更能脱颖而出，并且获得更多欢乐。

德怀特·D. 艾森豪威尔（Dwight D. Eisenhower）认为："幽默感是领导力的一部分，也是与人相处、处理事务的重要能力。"玛莎·克劳姆（Martha Craumer）也曾在《哈佛沟通术》（*Harvard Communication Letter*）中谈道："懂得使用幽默的人，尤其是那些在压力之下仍懂得使用幽默的人，在他人看来都技高一筹。看起来他们好像已经掌控了全局。虽然实际情况并非如此。"

莉兹·怀斯曼（Liz Wiseman）和格雷戈·麦吉沃恩（Greg McKeown）在畅销书《成为乘法领导者》（*Multipliers*）中写道，他们发现几乎所有优秀的管理者都有很强的幽默感。想要成为优秀的销售、营销、社群管理员、负责人或是业务发展经理，就要知道如何与他人建立联系，最快的方式就是逗得对方哈哈大笑。

即便不是管理者，这样的技能也对你的工作有帮助，从找工作时就能够体现：有98%的首席执行官倾向于有幽默感的求职者。我和前任老板说，要我成为纳米技术、航空航天和光子技术专家的概率（她让我为这三个领域的客户提供咨询服务）比让我怀孕的概率还要低。因为这句话，她一整年都在想怎样炒我的鱿鱼。这样来看，她就是那个2%。从更积极的方面来看，84%的首席执行官认为有幽默感的候选人工作表现更为出色（当然她属于那16%）。

有幽默感也会让你在情场上更受欢迎。据婚恋网站般配网（eHarmony）的最新数据显示，无论男人还是女人都不喜欢无趣的人。用户在网站列出的标准中，选出的最重要的一条是"理想的对象身体要健康，在生活中要有幽默感"。

如果你还单身，还没找到工作，读读这本书，应该会得到一些启发。

安德鲁·塔温（Andrew Tarvin）曾是国际项目经理，如今已转型成为幽默培训师和 TEDx 演讲人。他的好幽默公司（Humor That Works）指导人们如何利用幽默变得更高产、轻松、快乐。用他的话来说："幽默是一种竞争优势。所有公司都还停留在旧的思维模式中，认为工作就是工作，工作不应该是有趣的。但很快这样的公司就被另一类公司取代了，后者承认一个基本事实：员工是人，是人就喜欢幽默。"

有趣的故事和幽默能对你产生多大帮助呢？

在 1984 年总统竞选辩论中，罗纳德·里根（Ronald Reagan）已经 73 岁了，有人问这个岁数做总统是不是太老了，他打趣道："竞选时我不会被年龄影响。我绝不会出于政治目的攻击对手太年轻，缺乏经验。"这句话成为体现里根幽默感的经典例子，甚至连民主党阵营的竞选对手沃尔特·蒙代尔（Walter Mondale）都笑了起来。作为一名演员出身的共和党政治家，他非常擅长讲故事，而且创造了美国总统政治史上最具压倒性的连任选举胜利。

> 人类有一件真正有力的武器，那就是笑。

——马克·吐温（Mark Twain）

人们喜爱有趣的故事。好朋友科学告诉我们，我们天生就会欣赏幽默，生来就爱笑。我们的大脑会释放多巴胺，让我们觉得愉快。因此，在演讲时逗观众笑确实能令他们产生愉悦感，让演讲更自然，从而击败那一成不变、乏味至极的商务演讲。

脱口秀表演和公众演讲最富冲击力的，是你所讲的内容能与观众产生联系。你要讲什么故事？在工作闲暇时，你会分享哪些窘迫或有趣的事？在人生中你犯过哪些当时让你痛苦不堪，而现在已经风轻云淡的错误？

脱口秀演员瑞奇·热维斯（Ricky Gervais）曾说："你要写自己熟悉的东西，这样才更容易和观众产生共鸣。"如果你都不知道你在说什么，自然也无法展开，无法就主题深挖，无法装出一副自己真的很在乎的样子。如果你都不在乎，那么没人会在乎。如果你能和故事产生共鸣，那么观众也可以。

> 脱口秀的目标就是做回自己，越成功就越好笑。

——杰瑞·宋飞

作为脱口秀表演者、作家和演员，丽塔·拉德娜（Rita Rudner）在拉斯维加斯做脱口秀做得最久。她曾在《鲁保罗变装皇后秀》（*RuPaul's Drag Race*）的一集中对脱口秀进行过解释，她说："自信的人做了对的事，一点都不可笑。"她的解释与另一位脱口秀演员的看法不谋而合，史蒂夫·艾伦（Steve Allen）是美国电视名人，也是一位作家，他对于脱口秀素材的看法常常为人引用：

> 我对一位朋友说，最近大多数脱口秀的主题都是悲观负面的（酗酒、肥胖、金融问题、事故等）。他说："你的意思是，每天发生的这些倒霉事才适合成为脱口秀素材吗？"我回答："现在不适合，再过一阵子就适合了。"

人可以拿沮丧的事来开玩笑，只是要经过一段相当长的平复时间……我们可以用一个数学公式来表达：悲剧 × 时间 = 幽默。

如果你还没有做完上一章的练习，现在就翻回去做完。你需要列出一张故事清单。记住，这不是一本魔法书，你需要行动起来。笑声是你最好的回报。

如果是夜间故事秀、社交活动或是长篇文章，我们都有时间和体量来容纳更多细节，将场景描绘出来。但在商务场合就做不到了。作为演讲人，我们有时间限制，故事不能凌驾于要传递的信息之上。故事只是传递重要内容的一种手段。你讲得越有趣，赢得的关注时间也就越长。

大部分情况下，我们要做的仅仅是倾听和重复。帕特·哈泽尔（Pat Hazell）曾说："很多有趣的事都发生在日常生活中，这些原创的内容都可以作为故事和演讲中的幽默元素。"他是NBC电视台《宋飞今日秀》（*Seinfeld, a Tonight Show*）中一名经验丰富的写手，曾在表演秀中被称为美国最搞笑的五个人之一。"万圣节后我听到孩子们交换糖果的对话，那真是价值谈判的绝佳案例。大儿子塔克说：'我讨厌黑巧克力！'他弟弟回答：'那也是糖，你不能反悔。'我逐字逐句引用了这段对话，因为它是如此纯粹和直接。"

另一个绝佳的例子来自乔恩·阿克夫（Jon Acuff），他是《纽约时报》畅销书榜单上多本书的作者。乔恩是我见过最好的商务演讲人之一，很擅长在演讲中加入幽默元素。在最近的一场会议演讲中，乔恩用这段开场白描述了当今世界变化有多迅速：

> 我有一个9岁和一个11岁的女儿。几个月前，9岁的那个对我说："爸爸，今天学校断网了。我们只能用……特别古老的方式做事。"我说："'古老'是什么意思？"她回答道："我们本来要画田纳西州的州旗，但没办法用谷歌，所以我们只能走到图书馆……从书里去找。"我说："用腿走吗？一路都是走过去的吗？"

珍妮·罗伯逊（Jeanne Robertson）虽然身高 1.9 米，但完全不带有威胁的气息。她是一名屡获殊荣的幽默作家，擅长从生活经验中提炼出爆笑故事，是国家演讲协会名人堂成员，曾获得"国际演讲金锤奖"（世界公众演讲领域的一个大奖）。

她认为："幽默不是段子，也不是讲笑话，而是接受不能改变的现实，并觉察到幽默就在自己身边。平日里会发生很多有趣的事，但人们常常任其溜走，因为他们既没有意识到有趣，也不会花心思去收集。"

我们需要花心思收集，并且不断打磨，重新组织。

与新罕布什尔州那场不幸的喝酒挑战赛一样，给故事增加幽默元素的过程也需要漏斗——这次被逮捕的风险要小得多。

笑话漏斗

笑话漏斗是指，最初故事面要铺得越广越好，这样才能和听众产生联系，之后再变得更具体。换句话说，故事的主题要大众化，能和每个人产生关联，之后再具体化，和讲述人自己的故事产生关联。比如说：和我一样，你也有一个发生在中国的故事（从统计学上讲，如果你是中国人，可能性会大很多）。但听众中可能没多少人去过中国，那么为了在故事的开头最大程度地吸引注意力，和大家产生联系，你可以说"有时新环境很具挑战性"来关联听众，用"去年我去了中国"来具体到自己身上。很多人从没出过国，也从没去过中国，但所有人在人生的某一阶段都接触过新环境。**让观众融入你的故事里。让他们和故事产生联系。要记住，最有力度的故事是让观众从中找到自己的影子。**

找到能与观众产生联系的话题，就可以着手缩减内容了。谈到细节，故事中最好笑的部分都蕴藏在细节里。分辨出哪些是核心细节，去掉无用的部分。对内容进行缩减，故事能变得更有趣。当你在给观众讲故事、抖包袱时，要记住这条规则：三句话之内不能没有笑点。

不要以自认为搞笑的方式讲故事，好比我姑妈这样：

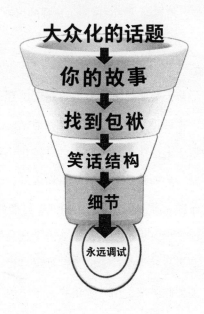

我去看玛丽了，她挺好的。那天天气不错，我很喜欢这样。这可比冷的时候要好多了。还记得去年有多冷吗？冻死人了，我不得不穿两件夹克。一件是粉色的。我找不到手套了。我喜欢手套。（十分钟后）后来我找到了玛丽，她喝得东倒西歪，冲着母牛高唱着麦当娜的《宛如处女》！

听着姑妈的故事，我的头已经在不知不觉中一点一点低了下去，直到被自己的鼾声惊醒。"……等等，什么？我怎么了？喝醉了冲着母牛唱歌？"

无用的细节过多，还没有讲到真正有趣的部分，观众就跑光了。就像我姑妈这样。**前面介绍得太久，故事铺垫得太长，等到包袱抛出来的时候，回应的可能只有零星的笑声、一阵鼾声或是一片智能手机屏幕的海洋。**

我们要找出故事里最有趣的部分，尽可能迅速、有效地讲到这个部分。为了不使故事丧失原有的形式，我们可以套用笑话的结构，保证以最简短、高效的方式叙述同样的内容。我姑妈就是一个例子。

一旦找到关键包袱——我姑妈发现玛丽醉醺醺地对母牛唱歌（希望玛丽不是经常这样）——那么就要尽快讲到这个部分。脱口秀演员、顶级 TED 演讲人甚至总统都会遵从这样的形式：（1）铺垫，（2）抖包袱，（3）连续笑点。

铺垫是给笑话打好基础，为观众提供必要的背景信息。语言尽量简洁。

抖包袱本质上是抛出笑点。铺垫将观众引向一个方向，抖包袱则是突然转向另一个方向，给读者带来惊喜。反转带来的惊喜，是包袱中最重要的部分。

连续笑点是自选项目。它是最初的包袱抖完后的包袱。有时会在原笑话的基础上进一步发挥，有时会再来一个反转，进入一个让人惊喜的新方向。

　　　　简洁是智慧的灵魂。

——威廉·莎士比亚

始终要记得抖包袱这件事。

从铺垫开始，分辨哪些细节是必要的。如果不能起到铺垫的作用，就删掉它。在我姑妈的故事里，真正相关的介绍性信息是"我去看玛丽了，她挺好的"。修改时要毫不留情。对待无关细节要像甩卖火灾受损物品那样，果断地去除没有价值的信息！

2014 年 3 月，阿诺德·斯蒂芬·雅各布就使用网络查询家谱的结果做了一次 TED 演讲，他发现所有人都是以一种意想不到的方式连接起来的。他是四本《纽约时报》畅销书的作者，范围涉及回忆录、科学、幽默等多个方面。他的演讲既幽默又鼓舞人心，下面这个例子说明了笑话的结构和无情删减是怎样完成的。

　　铺垫：检索家谱时，我发现我和连环杀手杰弗里·达默（Jeffrey Dahmer）有联系。

　　抖包袱：但我可以说，他是我妻子这一支的。

　　连续笑点：所以……我想去搞清楚。亲爱的，对不起。

　　这样的结构能帮助你尽快讲到有趣的部分。所有好笑的笑话，精髓都在抖包袱上。包袱释放的是有意堆积的紧张感。

　　关于紧张感，吉姆·柯林斯（Jim Collins）在《从优秀到卓越》中就有绝佳的例子。书中，吉姆描述了金佰利克拉克公司（Kimberly-Clark）前总裁达尔文·史密斯（Darwin Smith）的一次演讲，他曾被美国有线电视新闻网评为有史以来最杰出的十位公司管理人之一。史密斯站起来准备演讲，他说："好，我们现在起立默哀。"大家疑惑地互相看了看，好奇是谁去世了。之后大家不自在地低下头，安静地盯着自己的鞋。这个过程持续了一段时间后，达尔文看向台下的人群，以沉痛的语气说道："刚才我们是在为宝洁公司默哀。"台下立刻炸了锅。当时宝洁公司是金佰利克拉克公司最大的竞争对手。有意地积攒紧张情绪，能量释放后就能引发笑声。

抖包袱击碎的是有意构建起来的兴趣和期待。根据职业幽默大师约翰·金帝（John Kinde）的观点："笑点有时就像火车脱轨。你知道列车（思绪的列车）从哪儿来，你以为自己知道它要开到哪里去，但它居然就脱轨了。"

梅尔·希尔特兹（Mel Helitzer）和马克·施瓦茨（Mark Shartz）在畅销书《脱口秀写作的秘密》（*Comedy Writing Secrets*）中总结道：

P= 准备（情景铺垫）

A= 悬念（一般可以通过暂时的停顿来实现）

P= 抖包袱（故事、笑话的结果）

要尽量把最出乎意料的措辞放到最后，这点非常重要。

在伦敦出生的马特·克什（Matt Kirshen）凭借一针见血的段子为自己在国际脱口秀圈中赢得了很好的声誉，他登上了吉米晚间脱口秀（*Late Night with Jimmy Fallon*）和克雷格深深夜秀（*The Late Late Show with Craig Ferguson*），并且成为美国全国广播公司真人秀节目脱口秀之王（*Last Comic Standing*）的决赛选手。对于商务演讲人，他的脱口秀建议是：把好笑的词放在句子结尾。比如，"猫"是句子中出人意料的笑点或转折点，那么不要说"猫在盒子里"，而是"盒子里有猫"。这样等你安静下来后，观众才会笑起来。

2011 年，时任总统的奥巴马在国会演讲时，就政府的无序性讲了一个他自己"最喜欢的例子"（铺垫 / 介绍）。他说："美国内政部主管淡水区的鲑鱼，等它们到了海水区就由商务部主管。我听说还有更复杂的情况，那就是烟熏鲑鱼。"虽然没有达到脱口秀的爆笑程度，但无疑比常规的议会演讲好得多。把重要的词放在句尾，不仅有助于增强脱口秀效果，也能强调重点。如果公司想突出年增长率 80% 的数字，你就应当把这个指标放到句子的最后。不要说"我们获得了 80% 的年增长率"，而要说"我们的年增长率达到了 80%"。

本书写作之时，创意专家肯·罗宾逊（Ken Robinson）在 TED 做了一场大规模的演讲，有 3600 万名观众观看。演讲挑战的是我们教育孩子的方式，主张对学校体系进行彻底反思，要培养创造力，承认不同形式的智慧。毋庸置疑，这是个严肃的话题，但演讲中穿插着很高明的幽默故事和逸事。这里就有个例子。

　　我们从斯特拉特福德搬到了洛杉矶，我要说的是搬家时的变化。我儿子不愿意搬家，他现在已经 21 岁了，我有两个孩子，我女儿也 16 岁了。当时他不想搬来洛杉矶。虽然他喜欢洛杉矶这个城市，但他在英格兰有女朋友——莎拉，他人生的挚爱。他们认识了足有一个月。对于一个 21

岁的人来说，一个月算是很长的一段时间了。他在飞机上的时候很难过，说："我再也找不到莎拉这样的姑娘了。"我们听了都很高兴。因为她才是我们搬家的主要原因。

这是个很棒、很好笑的小故事。脱口秀演员唯一能做的就是让故事和尽可能多的人产生共鸣（比如"有时新环境很具挑战性，我们从斯特拉特福德搬到了洛杉矶"），再引出下面的故事。

新环境总是令人畏惧，这是很常见的现象。我很了解这种感受。去年我第一次到中国，觉得有些担心，因为接待我的同事之前来过旧金山，当时被我吓得不轻。他是个很传统的人，当时问我："大卫，能推荐一下旧金山地区适合中国人的好玩活动吗？"于是我把他送去了福尔逊街庆（世界上最大的皮革和性文化主题活动）。这和他预想的不太一样。等我到了中国，他开始用自己的方式报复我的恶作剧了。

简单来说，这就是我在"飞蛾故事会"讲的故事。第一处笑点是"我把他送去了福尔逊街庆"。我曾经给朋友和同事讲过这个笑话，所以知道这里是笑点，也许肯的 TED 演讲也是这样。知道笑点的位置就能掌控时机，更好地把故事讲出来。你知道在哪里暂停，让观众笑出来。我的故事里有个转折，观众的脑海中本来期待着出现那些推荐给保守游客的传统观光活动。但期待落空了，结果大出意料，笑声也随之而来。这就是笑话结构的精髓。

> 作为创作者，你的任务是让观众面对事物时，和你一样激动，一样沉浸其中，真实的生活可以做到这一点。
>
> ——瑞奇·热维斯

现实生活中总会出现有趣或好笑的故事。关键是把这些元素和宏观主题相结合，尽可能快速、有效地抖包袱。在宏观层面与所有人产生共鸣，之后再添加微观细节。从整体开始，之后细化。以每周写下十个新段子为目标，建立幽默素材库。一开始听起来好像很难，但当你开始做笔记，观察周围生活的时候，你会发现幽默无处不在。每当你想到了好玩的事，或是发现了一些觉得有用的东西，一定要写下来。如果有智能手机，可以在印象笔记这样的应用上记下来，也可以带着便笺本和笔。你会惊讶于自己遗忘的速度，所以一定要尽可能记录下来。积累下一些素材之后，就可以从中取用了，取用时要与表达的话题有所关联。

下面的例子经常为一位顶级高管所用，你可以在网上找到。这是段子最初的样子，经过打磨后使用得越发广泛，对演讲人的事业起到了不小的帮助。其中有一个非常好笑的故事，演讲人也因此变得更加有趣和受欢迎。写下来读着可能比较痛苦，但也凸显出了无关词语会造成怎样的影响。

铺垫：

你知道，作为联合利华的全球副总裁，我出差的次数特别多，你知道，我住在伦敦，但每六个礼拜左右就要去一次美国。每次都去同样的地方让我感觉很单调乏味，但有一件事我很喜欢，那就是聊天，就是在旅途中聊天。嗯，就是去肯尼迪机场时，和顾客，呃，和海关人员，我把我的蓝色巴西护照递过去，呃，关于这个护照总有一些好笑的事发生。我记得今年四五月的时候就闹过一次笑话。我当时还发在推特和脸谱网上了，如果你关注了我，应该会有印象。

故事的主体：

到达机场后，嗯，我递上护照，对方很常规地询问："为什么来这儿？"我说："工作。"我来这里工作过很多次。然后对方问："你是做什么的？"我回答在联合利华做市场营销。他又问联合什么，我说我在多芬工作。他问是市场营销吗？我说是的。之后他说了句很出乎意料的话。他问我："为什么多芬需要市场营销呢？所有人都知道这个牌子。"真的，他真是这样说的。

包袱：

之后我笑了起来，但笑得很局促，因为我怕自己饭碗
不保了……就在这儿……（观众在这里笑了）……这个刚
刚来到肯尼迪机场的家伙。

他知道包袱在哪儿，因为之前他就讲过这个段子。问题在
于无关用词太多。随着时间的推移，他精简了抖包袱前的用词，
但就像大多数商务演讲者和不常发表演讲的人那样，这个过程
太漫长。其中有太多次的尝试和失败。我们希望把它变成一个
策略性的过程。

让我们用脱口秀写作技巧来修改一下这个例子：

铺垫：

与所有人产生共鸣：

工作总会出差。

具体到自己：

我有一本巴西护照，这让我总在移民局遭遇一些有趣的事。

故事主体：

上一次遇到了这样的对话：

为什么来这儿？（最好用不同的声音模仿，以便区分角色。）

我来这里出差过很多次。

你是做什么的？

我在联合利华做市场营销。

联合什么？

我在多芬工作。

市场营销？

是的。

多芬需要市场营销吗？所有人都知道这个牌子。

包袱

我笑了起来，但笑得很局促，因为我怕自己此时此刻饭碗不保。（以包袱结束。留给观众笑的时间。如果还要再讲，那就是下一个段子或是连续笑点）

介绍部分：166 个字 vs. 27 个字

故事主体：137 个字 vs. 79 个字

上面的例子中，演讲者讲了 90 秒才讲到有趣的地方，其实可以缩减到大约 40 秒或更短。在现代社会中，你的竞争对手是超级连接（hyper connectivity），是不断缩减的注意力，是越来越少的间隙时间。在这样一个大环境下，听讲的时间是额外挤出来的。不要误解我的意思，作为演讲人（以及听众）我非常喜欢他，我知道他的母语不是英语，但我觉得他整体讲得非常好。如果能用到脱口秀演员所熟知的技巧，演讲还会更有趣、效果会更好。要尽快抖出包袱，省略中间所有不必要的文字。

　　本部分的主要内容是浓缩故事中有趣的部分，填入骨架当中。往演讲中添加幽默元素的时候，这个过程会不断地重复。

　　问问自己：你的故事中有趣的部分或是转折点在哪里？如何才能不迷失在无意义的细节之中，尽快讲到有趣的部分？如果故事中包含新罕布什尔州的汉普顿海滩的警方，那么我的建议是：最好把门打开吧。

练习：辨别出有趣的内容，把故事和主题联系起来

翻到你在第 1 章列出的清单，挑出最喜欢的故事，据此写上十分钟。不用停下来思考结构，顺其自然地写下去。你可以写人生感悟，写一件很酷的产品，写自己特别着迷的东西，写最近读书的感悟等，什么都可以。不必太关注内容，只是简单的写作练习。

之后，我们来辨别出你最喜欢、说得最顺、最想告诉别人的内容。此外还要找到那些隐藏着的、一时没有想到的细节。

接下来要找到故事里的关键点。那些奇闻逸事、有趣常识或搞笑内容在哪里？去掉不必要的文字，根据结构（比如：铺垫，抖包袱，如果有连续笑点也可以加上）将故事重组。如果一时什么都想不出来，也不必苦恼。这个过程通常要花上数天，甚至数周。关键是你已经开始思考清单上的故事了。我有很多好段子都不是坐在书桌前想出来的，都是在休息时，用潜意识工作时得来的。

开始思考如何将故事和大主题联系起来，列一份清单，看看有哪些主题能用到这些内容。要记住，在商务环境中这种连接可能很弱，要仰仗合适的介绍（铺垫）或要点才能让看起来没什么联系的内容发挥作用。

以我的清单为例，几周前它还是一张白纸，现在它变成了这样，让我们一起来看下一页的内容：

段子集

1. **科技 / 新用户：**爸爸给我发了一封长邮件，所有内容都写在标题行里。

2. **市场准入：**（没看清竞争格局前切勿盲目进入，否则会有很惨痛的教训）一个小孩子，不小心尿在电子围栏上。

3. **马斯洛需求层次理论：**找到了一份从零开始的工作，对方告诉我，虽然他们没有预算付给我工钱，但能"给我提供不错的饭菜"。

4. **社会媒体：**脸谱网上能看出美国人和爱尔兰人在积极态度上有多不同。美国人会评论："在金门大桥下玩儿风筝冲浪，太酷了，你可真走运。"而爱尔兰人会说："鲨鱼怎么没把你的蛋咬下来。"

5. **体验式学习：**在危地马拉的寄宿家庭里，误以为西班牙语中表示女性私处的单词是"祝福你"的意思，误解时间长达两个月。更糟的是，这家的父亲是当地的牧师。

6. **适当规划：**在洪都拉斯的鲸鲨考察船上，指导一群浮潜者靠近一只鲸鲨，最后发现它竟然是虎鲨（比鲸鲨可多了不少牙呢）！

7. **减少开支 / 预算：**在楠塔基特岛上（Nantucket），还是学生的我为了报酬去修剪了没有草的草坪。

8. **信心：**元旦前夕，我在巴西的萨尔瓦多（Salvador）喝了好多椰子伏特加（我知道这特别有男子汉气概），然后在沙滩上接受了巴西最著名电视台的现场采访……用葡萄牙语。那时我还不太会说葡萄牙语，好像喝了椰子伏特加之后就会了。

9. 走出舒适圈：有个澳大利亚朋友马特（Matt）到哥伦比亚波哥大（Bogotá）后联系我，他不会说西班牙语，告诉我他在"Calle 街"上（calle 在西班牙语里的意思就是"街"）。

10. 健康／运动／客户服务：我在希腊摔坏了脚踝，没找到医生，只找到了兽医。

11. 数据：爱尔兰获得的诺贝尔奖要比中国多。那我们算不算超级大国了？

12. 不必要的交谈：本地超市的员工每天都要问我："一切都好吗？"当然一切都好了。这儿是超市，我进来买吃的……能发生什么不好的事呢？

13. 习惯：我妈妈发现我喝醉了之后会去后院喊我家猫的名字。它四年前就去世了。有时我会忘记。

14. 问对问题：无家可归的流浪汉问我有没有富余的三明治。

15. 改革（很需要！）：操着爱尔兰口音拨不通美国的自动客服热线。

16. 期望／手术：我妈妈摔了屁股，匆忙将她送到医院的急诊病房，才发现已经关门了。

17. 招聘：交通公司优步（Uber）在招聘时要求本公司员工

要"像蜜獾^①一样无所畏惧"。他们打算让员工做什么啊？

18. 阅读障碍 / 尴尬 / 错误：在为脊髓伤患筹款的邮件结尾处出现笔误"祝孬，大卫"。还是被我的朋友看出来的。有时我想显出很精英的样子，结果却一本正经地写下"孬"。整个人都不好了。

19. 领导力 / 人力资源问题 / 名人名言不可信：我的前上司在夏季公司搬家的时候最喜欢说："伙计们，手断了还能长，家具坏了就完了。"但他错了。搬家的时候我一不小心把大型的钢制舷梯顺着卡车滑了下去。上面留下了 12 英尺的大洞我也没吭声，用透明胶带封好，写上"这里没有洞"。

20. 创意 / 高效 / 策略：有个家伙骑在公园的墙上喝啤酒，用钓竿绑着一颗球遛狗。

21. 与顾客沟通 / 反馈：本地餐厅的服务生对包括我在内的所有人都说一句话："你今天怎么样？我很好，谢谢你。"完全没给我们做出反应的机会。

22. 管理关系：我的前上司罗伯特·黛安（为了保护她的隐私，我把她的名字倒过来写）特别讨厌我，她花钱请人把我从团队合照中踢了出去，后来爱尔兰总统骄傲地把照片挂在了她的书桌上方。

23. 家庭和工作（和 22 条很相似）：在微软总部举办的总统招待会上，我负责拟定邀请名单。除了邀请业内所有认识的

---

① 蜜獾（honey badger），号称世界上最无所畏惧的动物，捕食剧毒蛇，善于用利爪捣毁蜂巢。

人之外，我还邀请了家人。一切都很顺利，只是总统在演讲的时候，一位彪形大汉激动地冲上台，不顾特工疯狂的阻拦，给了总统一个大大的拥抱。不幸的是，这位彪形大汉是我的叔叔。

24. 转变职业生涯：前说唱歌手汉默（MC Hammer）现在成为活跃的创业公司天使投资人。他在办公室里肯定挺让人抓狂的。他不会让你碰任何东西。[①]

25. 推销过程：哥伦比亚的海滩上，一个年轻女孩走向我问："脱毛吗？""呃，不用，谢谢。""为什么不脱？毛乎乎的像只猴子似的。你要是不买，我就像切水果沙拉一样切了你。"

在这里还要说一下，虽然其中海外旅行的故事很受欢迎，但反响最好的却是一些日常生活中的趣事，比如超市里的那一条。很幸运，我们之中很少有人会把不知情的游客抛进海里，错误地引导他们向虎鲨游去。但几乎每个人都去过超市，往往这种关联感能够获胜。

你问上面的例子能用在商务演讲当中吗？我可以，你也可以。这些段子会比常规素材更有趣、更吸引人吗？肯定可以的。哪怕你觉得这本书百无一用，也请停下这种必须运用常规素材的惯性思维（除非是你自己想出来的）。

---

① 汉默有一首名为《你不能碰这个》（*U Can't Touch This*）的代表歌曲。——编者注

第3章 写出幽默感

> 幽默感是一种面对生活和工作的态度。它是一种能够习得的能力。
>
> ——珍妮·罗伯逊

莱恩（Ryan）是个社交怪咖。他又高又瘦，走起路来飘忽而懒散，活像是喝醉的企鹅，说起话来疯疯癫癫的。他从不注视别人的眼睛，穿得也不整齐，总显得一副紧张不安的样子。他梳着大背头，活活让自己老了20岁，脚下踩着滑板，又像是年轻20岁才会有的装扮。他和人交谈起来很害羞，和任何人说话都要挣扎一番。你很难想象他在舞台上竟是个脱口秀演员。

我是在加利福尼亚州的斯托克顿市（Stockton）遇到莱恩的。这是个鲜为人知的小城，居民文化程度并不高。我到这里来是为了参加脱口秀表演。每当我换上爱尔兰口音后，大部分人会问我："你是爱尔兰哪里的人？"脑袋不灵光的人会问我："爱尔兰在哪儿？"但斯托克顿市的观众并没有这样，他们问我：

"爱尔兰是什么？"这真是一个收集幽默素材的好地方。

莱恩简直是我遇到过的最无聊的人。但当他上台之后会突然变得充满自信。丢掉滑板后，他的步伐充满了活力。之前游离的眼神突然变得炯炯有神，来回扫视着话筒和台下期待已久的观众。舞台离观众有五英尺高，但他激情四射地迈着步，仿佛舞台已经消失了。

他单手握话筒，将支架挪到一旁——那是他跟观众之间唯一的阻隔。面对一屋子的观众，他以一种完全不同的姿态和气度站在那里，甚至还审视了那些对他品头论足的人。就是这样一个人，上台前我赌他绝不可能是个幽默的人，但事实证明我错了，大错特错。

很快他就调动起了狂热的气氛，观众不可抑制地大笑，整个过程持续了十分钟。抖完最后一个精彩的包袱后，他把话筒放回支架上，现场响起热烈的掌声和叫好声，房间里涌动着大笑带来的能量。他如国王一般完美谢幕，然后迅速回到无趣的状态。炯炯有神的目光变回游离的状态，只是步伐依然有力，脸上扯着一个微笑。这种感觉就像垒球运动员刚击出一个满垒全垒打，或是足球运动员拿下了制胜的一分，莱恩完成了所有应做的事，而且非常出色。

表演结束后，他也成功地把欢快的气氛一扫而光。他趴在垃圾桶边上大吐特吐，又吞了一块比萨，最后一言不发，像托尼·霍克（Tony Hawk）[①]一样滑出了大楼。到底发生了什么？

在我去年遇到的脱口秀演员中，没有多少是天生搞笑的人。很多人都像莱恩一样，在生活中完全是另一个样子。他们没有天赋，但他们有技巧，技巧需要练习，练习写作尤为重要。这些不搞笑的人就是这样慢慢地学会了如何越写越好。

> 优秀的写作能使营销从优秀变得卓越。只要有网页，你就是出版商。只要有社交媒体，你就在做营销。人人都是写手。写作的内容既能把我们衬托得睿智，也能让我们显得愚昧。我们可以显得有趣、热情、能干、可靠，也可以显得单调、焦虑、平凡无奇。
>
> ——安·汉德利（Ann Handley）

别误解我的意思，确实有天生搞笑的演员。他们的幽默天赋似乎是与生俱来的。从我过去一年的观察来看，这些天赋异禀的人确实比单单依靠写作的同行在行业中提升得更快。但是我们并不是要变成脱口秀演员。要想成为更有趣的演讲人，只要向这些天赋平平的人学习就足够了。

大家都知道，说脱口秀是要把"说什么"和"怎么说"结合起来，也就是要把表演内容和表演方式结合起来。但第三项

---

① 托尼·霍克（Tony Hawk），美国滑板巨星。——译者注

内容很少有人提及，那就是"怎么写"。公众演讲也是一样。伟大的演讲和段子一样，都是通过笔或键盘打磨出来的。无论你的天资有多么匮乏，磨炼写作技巧都有助于提高公众演讲能力。

好演员都是好写手。写得越来越好，讲得也会越来越好。虽然少有人承认，但他们都能证明幽默感可以通过练习不断精进。练习表达固然重要，但通过学习优秀表演者的脱口秀技巧，你能更好、更快地成为有趣的公众演讲者。

本章中我们将学习一些段子写作的技巧，看看如何快速有效地给演讲添加幽默元素。这些技巧在文案写手中广为流传，脱口秀演员也通过刻苦钻研逐渐学会了。我们这样的公众演讲人完全可以运用。

尽可能与现场联系起来

1962 年一个炎热的夏日，约翰·F. 肯尼迪（John F. Kennedy）总统造访了得克萨斯州休斯敦的莱斯大学（Rice University），并在足球场上发表了演讲。其中有一句嘲弄学校足球队的话广为流传："但是有些人问，为什么选择月球？为什么以登月为目标？他们也许还会问，为什么我们要登上最高峰？35 年前为什么要飞越大西洋？为什么莱斯大学要与得克萨斯大学比赛？"

在这一年中，得克萨斯大学队战无不胜，而莱斯大学一场未赢。这句话立刻引起哄堂大笑。

如果你能像肯尼迪这样与现场产生关联，那么你也能向会议或演讲现场的观众表达出自己对这一地区的了解。多数参加演讲或研讨会的观众都住得不远［免责声明：本条规律有例外。如果你要在阿尔布开克市（Albuquerque）①给日本阿尔布开克联合消费者协会做演讲，那么关于寿司的段子就不管用了。要了解观众。这是经验之谈，虽然有时这种经验比一只又聋又瞎的单翅膀鸽子高明不到哪里去］。联系的方式多种多样，可以提到某个富庶的地区、某项当地赛事，或是某地区遇到的特殊问题或挑战，这样的联系证明你对当地有所了解，而且颇有兴趣。在面对旧金山的观众时，我就讲了一些关于斯托克顿城市文化方面的故事。这是专门为旧金山观众讲的笑话，他们对这个笑点非常了解。想要赢得观众，这是一种快速而有效的方法。

设置好场景

优秀的脱口秀演员一定会给段子设置好场景，观众才会产生关联感。雷吉·斯蒂尔（Reggie Steele）是旧金山湾区最顶尖的脱口秀演员之一，他给出的建议是：写段子时，要想象自己是在给盲人描述事物。他给盲人表演过，这就是从中收获的

---

① 阿尔布开克市，美国新墨西哥州城市。——译者注

经验。他希望观众和故事产生共鸣，在没有肢体语言的前提下，仅靠语言也能领会每一层意思。

给写作和演讲注入观点

你想用"古怪、惊艳、恐怖、艰难、愚蠢、震惊、热衷"这些词，可以用的。可以把这些词放在开头或陈述内容里。我曾在旧金山的科布脱口秀俱乐部做过实验：

> 现代劳动力的脆弱程度令人咋舌。想象一下，一百年前伟大的欧内斯特·沙克尔顿（Ernest Shackleton）率领探险队深入南极洲。船长日志写道："虽然只航行了十天，但我们不得不放弃了，目前已有62名船员悲惨地失去了生命，至于原因……麸质过敏。"

在这个故事的背后，我想讲的是自己在旧金山工作时遇到的困难，作为外籍经理需要适应很多不同的工作习惯。开头的用词（咋舌）将观众的注意力迅速集中。如果你希望观众对话题产生热情，那么一定要展示出热情。

卖点要清晰

写故事或段子的时候，我们都想给观众留下深刻的印象，演讲也是一样。看到"将 1000 首歌装进口袋"时，你会立刻想到史蒂夫·乔布斯和 iPod 的发布会。口袋里的 1000 首歌，这就是卖点。他不断地在演讲中重复这句话。类似的还有马丁·路德·金，他不断重复"我有一个梦想"，这是演讲的重点句，通过不断强调成为清晰的卖点。

在我写作本书之时，西蒙·斯涅克（Simon Sinek）的《伟大的领导者如何激发行动》在 TED 最受欢迎的演讲中排名第三。演讲中他不断重复主旨句："人们不在意你做的是什么，而在意你为什么而做。"克里斯·洛克（Chris Rock）的做法也相同。整场演出中，他会不断强调自己的卖点，确保它深深植入你的脑海中。

善于扣题

结尾的扣题能把所有内容串在一起。你需要回到前面的内容（扣题），把观众反应强烈的部分再强调一次。可以是自己效果较好的段子，也可以是上一个演员博得哄堂大笑的段子。扣题的策略能将话题全部整合在一起，构建出你和观众之间心领神会的段子。最好在转向下一话题前进行扣题，创造出一种惊喜感。在肯尼迪的例子中，他在之后的演讲中再次提起了莱斯大学对战得克萨斯大学比赛的例子。

克里斯·吉尔伯（Chris Guillebeau）是非虚构类畅销书作

家，他曾用十年的时间走遍了世界上所有的国家。为了推广新书，他曾造访 50 座城市。他的演讲技术高超，经常会在其中添加幽默元素。

在回答一位特别年轻的读者提问时，克里斯问道："你多大年纪，14 岁？"

"22 岁。"对方回答。

"哦。"

大家都笑了。

演讲结束时，克里斯引导观众不仅要从自己口中寻求解答，也要从在座的观众中寻找，包括"这位 14 岁的少年"。大家又笑了。这就是典型的扣题技巧，把克里斯与观众间已经产生效果的笑话再次提了出来。

扣题技巧在写作中并没有明显的搞笑效果，但在演讲中却十分奏效，它是观众与演讲人之间的一段共同经历。有一点很重要，一个段子不要重复三次，不奏效的段子不要重复第二次。

善于跟踪媒体热点

还有另一种引人发笑的办法，即跟进当下观众关注的热点话题，把自己的内容与热点联系起来。像约翰·奥利弗（John Oliver）、斯蒂芬·科尔伯特（Stephen Colbert）、吉米·法伦（Jimmy Fallon）等夜间电视主持人都是个中高手，他们的走红让观众熟悉了以新鲜话题为笑点的搞笑方式。名人、政客和体育团队都是容易上手且易于令人接受的目标。热点发生的时间短，还会带给人一种即兴演讲的错觉。但凡事不要做得太过头。热点的篇幅不要超过整体内容的 10%。同时还有一件事要特别注意，如果有飞机失事造成 100 名乘客丧生的新闻，最好不要去提。

尽可能加入表演元素或使用不同声音

对话性互动能让整个舞台场景都生动起来，把观众直接带入表演当中。如果你能变换不同声音、口音，或是能切换语种，最好能发挥你的特长，并把这些元素写进剧本里。在台上扮演两个角色的时候，哪怕是切换成自己很熟悉的口音，也比用同一个语调从头讲到尾效果更好，你可以换上父母一方或双方的口音。但要留心自己的声音，变换幅度不要太大，不要突然变成另一个国家的腔调。避免模仿时出现政治不正确的倾向。我模仿了太多的爱尔兰口音，也模仿了很多其他的族群。不要耍花腔，除非你真的特别特别擅长模仿。最基本的原则是，家人和外国人相比，优先选择模仿家人！

光写在纸上还不够，要保证自己能大声说出来，并进行录音。之后重放录音，做记录，据此进行修改。

写作使用现在时态

不要写"我去走了走，看到了"，而要写"我边走边看到"。即便这件事发生在很多很多年前，也要给观众一种发生在当下的感觉，让观众看到整个场景在眼前展开。同样地，如果希望内容更有吸引力，就需要让观众更有参与感。

使用具有幽默感的词

信不信由你，在没有上下文的前提下，有些词生来就比其他词更有幽默感。在《纽约时报》的一篇采访中，杰瑞·宋飞讲到了自己果塔饼（Pop-Tarts）的段子是如何写成的。他从20世纪60年代那些古怪、硬邦邦又不健康的食物中挑出了果塔饼。为什么选果塔饼？因为它听起来就很好笑："超市里突然出现了果塔饼……我们就像是用棍子搅泥巴的黑猩猩。"宋飞认为，所谓段子就是："一句话里有了黑猩猩、泥巴、搅和棍子。10个字当中有8个字好笑。黑猩猩，黑猩猩当然很好笑。"《宋飞正传》中有一集题目是"道歉"，杰瑞遇到一位赤身裸体的女士想要吃泡菜（pickle）。为什么是泡菜？因为泡菜听起来就很好笑。

在电影《阳光小子》（*The Sunshine Boys*）当中，尼尔·西蒙（Neil Simon）曾讽刺道："包含字母'K'的单词很搞笑。比如 Alka-Seltzer（泡腾片）和 Chicken（鸡肉），其中都有一个

'K'。字母'L'就不好笑,'M'也不好笑。"《辛普森一家》的创作者马特·格罗宁(Matt Groening)宣称"内裤"(underpants)比"内衣"(underwear)要搞笑至少15%,因为"裤子"(pants)本身就搞笑。同样,格罗宁笔下有个小丑库斯提(Krusty the Clown),这个名字也不是随便取的。开头的"K"听上去就更好笑。脱口秀演员和段子写手深谙此道,他们会有意使用听上去就搞笑的词。你也应该试试。

要记住,简洁能带来轻松感

我们都希望尽快讲到笑点或是抖包袱的地方。文案写手亨内基·杜斯特马特(Henneke Duistermaat)曾列过一张清单,很多没有实质意义的短语通常都可以删除:"应当""在我看来""实际上只是""真实的""非常"。斯科特·亚当斯(Scott Adams)是《迪尔伯特》系列漫画的创作者,他认为:"保持文字精练,就像在给朋友发诙谐的段子一样。要聪明,但不能教条。删减词语没什么大不了。"

运用"3"的法则

根据希腊哲学家和数学家毕达哥拉斯(Pythagoras)的说法,3,也就是他所说的"三合一(triad)"是最高贵的数字。这个数字统治了数学、科学、天文学、艺术和文学几千年,直到最后终于攀上顶峰，出现在 1973 年《校舍摇滚！》的试播集中。就像短片主题曲中写到的，我们拥有"过去、现在和未来"，也有"心脏、大脑和身躯"。

数字"3"的魔力同样蔓延到了写作、营销和戏剧表演的领域。如果你想让自己的作品更有趣、更令人难忘，可以运用"3"的法则。我们都是运用意群进行创作的好手。而"3"则是组建起一个意群的最小单位。通过对意群和精练原则的应用，最终可以达到令观众难忘的效果。就这样，"3"的法则能帮助你成为更好的写手。

这条法则由来已久，不过我是自己尝试、摸索出来的。在按照特定顺序讲笑话的时候，我发现三个一组的效果最好。就好像观众经受过特定的训练一样。我抛出一个笑点，再接第二个笑点，观众肯定会在第三个笑点上爆发出最大的笑声。如果我去掉一部分（只留两个笑点）或添加一些（排出四五个笑点），效果就没这么好。结果虽然费解，但千真万确。

"3"的法则有一个基本的运行方式，先构建起某种套路，最后出其不意地将它打破。前两次铺垫积蓄势能，最后的突破通常能给人带来惊喜，引发哄笑。

和松散的内容相比，三个一组更容易在脑海中留下印象。例如："生命的权利、自由的权利和追求幸福的权利""鲜血、汗水和眼泪""性、谎言和录像带"。iPhone 发售时称自己将三种产品（iPod、手机和互联网沟通设备）集合成一款。这绝不是随随便便的说法。这种说法更容易让人们记住。类似的例子还有很多：NFL（美国橄榄球联盟）、NBA（美国职业篮球联赛）、NHL（美国冰球联盟）、CNN（美国有线电视新闻网）、NBC（美国全国广播公司）、BBC（英国广播公司）、UPS（联合包裹速递服务公司）、SAS（北欧航空公司）、SAP（思爱普公司）、"Just do it"（想做就做）、"Yes, we can"（是的，我们可以）——看明白了吗？

在幽默中运用"3"的法则

我们来看看"3"的法则是怎样运用在段子当中的。像这样写下来分析，效果会减弱，但讲给观众听时，它们都有不错的效果。

第一个例子来自乔恩·斯图尔特（Jon Stewart）：

> 我庆祝感恩节的方式很传统。邀请邻居来家做客，一起吃顿好的。然后杀掉他们，把地盘抢过来。

这个段子的转折点明显在最后一句。第三句中"杀掉他们，把地盘抢过来"吓人一跳，毕竟前两句制造出的氛围是我们特别熟悉的，你以为自己知道故事会朝哪方面发展。最开始的场景大家都知道："传统的感恩节庆祝方式"。之后他开始聚焦，观众开始和自己联系起来："邀请邻居来家做客，一起吃顿好的"。这样的场景唤起了你的记忆，让你认为自己知道将要发生什么。之后迎来了转折，完全出乎预料，抖包袱一般都在第三句："杀掉他们，把地盘抢过来"。

下一个例子是我刚出道的时候写的。那时我刚学会三段式的写法。老实讲，我并不喜欢这样，但只要遵从结构顺序，用好"3"的法则，每次都能引发爆笑：

我女朋友总闹着要去纳帕山谷。最后我屈服带她去了。但她好像对蓝霸汽配的产品一点也不感兴趣。

在前两句中，我构建出一幅加利福尼亚酒乡的场景，好像是一对情侣要去著名的酒乡饮酒。当然，纳帕山谷（NAPA）的英文缩写跟汽修连锁店蓝霸汽配（National Automotive Parts Association）是一样的，这地方是我的女朋友绝对不想去的。

这就是第三部分的效果。在这里，最初的套路崩盘了。这样的转折，这样的包袱，让我每次都能在台上逗得观众哈哈大笑。只要遵从"3"的法则，无论你写的是笑话还是想传达重要的信息，内容都更容易给人留下深刻的印象。

观众易于接受三个一组的信息。你要好好利用这一点。

使用搞笑图片和视频

虽说写演讲稿的时候我们要重视段子写作，但说起来容易，做起来难。如果实在分身乏术，又想给演讲添加一些创意，还有一种简便方法。我们的目标是逗笑观众，点亮思维，那么可以用搞笑图片和视频来达到效果。上面这张图片曾在 TED 演讲中引发了剧烈的笑声，演讲的主题是"企业家精神：我们就是要打破常规"。

萨米·威格特（Sammy Wegent）曾说："演讲和传统脱口秀表演相比有一个巨大的优势——前者在台上给观众准备了一块

巨大的背板。"他长期从事喜剧表演，是 PPT 默剧喜剧秀的创始人，他建议："在搞笑的合成图像、表情包和 GIF 动图横行的时代，视觉幽默的效果被空前放大。想要幽默不光靠说，也可以靠展示。"

用自己的图片和视频固然很好，但没有也没关系。先去谷歌图片上搜索"搞笑"，再搜索与话题相关的内容。很快你就能找到可以使用且观众没有见过的图片。关键是用图片来强化观点。Reddit、Imgur 和 Pinterest 都是公认的搞笑图片存储地。一般只需对个别词语或某些段落进行修改，就能将图片与文字整合起来。

最近，我的朋友吉尔要在领英组织的一个高规格会议中发表演讲，她想添加一些幽默元素。她对自己的工作状态进行了描述，除了语言，还用图像展示了自己的感受。她先是放出了一张自己在桌边和同事一起工作的图片："此时……我表面看起来是一副沉着、镇定、高兴的样子，但每次回想起来，更像是这样——"她又放出了一张图片，一个小女孩被失控的软水管喷了个正着。观众一下就笑了起来。

塞思·高汀既是作家也是营销专家，我在第 1 章中提到过，他的演讲迷人又有趣。说起爆笑的演讲，人们经常会提到他的名为《坏了》的演讲。这次演讲确实非常好笑。从分析的角度来看，在 20 分钟的演讲中，观众每分钟笑三四次。这样的笑点密集程度（在第 7 章中会详细提到）完全能与好莱坞的顶级喜剧片抗衡，甚至比经典喜剧《空前绝后满天飞》（*Airplane!*）、《宿醉》和《白头神探》（*The Naked Gun*）每分钟的笑声更多。作为演讲人，塞思很优秀、很搞笑。但如果对内容进行分析，会发现他大量使用了搞笑图像，演讲因此变得更加有趣了。在这个过程当中，一半的笑声都是由搞笑的画面引起的。

你也可以用这种添加了图片和视频的结构来写作。先对图片做简要介绍，为观众建立起预期，然后让图片变成包袱抖出来，你也能像吉尔一样把观众逗乐。接着，你可以紧跟一个连续笑点，对图片或视频做出评价，观众会笑得更厉害。绝不止塞思和吉尔会使用图像。看看其他的演讲，有多少人是被搞笑图片逗乐的。

记住：你总能找到一种更有创意的方式来表达观点。如果你担心自己的写作或表达水平，使用视频和图片可以有效缓解压力，同时不会降低幽默水平，达到事半功倍的效果。

只要将这些幽默技巧运用到演讲之中，便会产生巨大的效果。但它并不能把你变成一个在生活中也有趣的人，效果仅限于舞台，就像莱恩那样。如果你想从简单的地方入手，我建议你到斯托克顿市去，毕竟把那里的人们逗笑还是比较容易的。

练习：把故事和演讲联系起来

为你的产品、服务或研究列清单，看看它们解决了哪些整体的（宏观）或具体的（微观）问题。清单可以基于你下一次演讲的主题或近期最常使用的演讲主题拟定。随后，试着把演讲主题和之前列出的故事、现象和经验联系起来。

怎么把故事放到演讲当中呢？主题和故事之间有联系吗？如果找不到关联，不要着急。我们总有办法把搞笑元素添进去。要记住，编写搞笑段子要从结尾倒推。你知道笑点在哪里，接下来就要把它融入演讲当中。这方面肯·罗宾逊是高手，但这样做的远远不止他一个。

举例来说，公司研发了一款界面更友好的触屏手机，图标按键更大。这让老年人和有视力障碍的用户使用起来更加轻松。你可以用父母或祖父母使用高科技产品的故事做引子。

宏观 / 广义的主题：老年人这样使用高科技产品更轻松。

微观 / 具体解决的问题：老年人使用智能手机 / 平板电脑打字更轻松。

故事的笑点：我的爸爸用不好高科技产品，主要体现在他把邮件内容全写在了标题行里。

在这里，故事的切入点是老年人适应高科技产品比较困难，尤其是学着发电子邮件。这部分的篇幅尽量简短。

虽然例子称不上经典，但它可以很快且很容易地逗乐观众：

有时老年人很难赶上科技潮流。（大家都认同的铺垫）

去年我爸爸（具体到我）终于学着给我发邮件了。他给我写了很长一封……

全都写在标题行里。（抖包袱）

他现在还这样。（连续笑点）

放上一张爸爸皱眉头的图片，或是网上找到的搞笑图片。

根据段子的写作结构和上面的例子自己试一试，用最少的语句讲一个自己最喜欢的故事，并将它和公司／产品／服务／研究成果联系起来。尽可能地运用"3"的法则和上面提到的诸多建议。

在 Reddit、Imgur 和 Pinterest 这些公认的搞笑图片网站搜一搜，看看哪些能和自己的主题挂钩。你也可以用自己的图片，但并不一定要这么做。

记住：我们并不是要当下一个杰瑞·宋飞。你的演讲只要多一点笑声，就比 90% 的商务演讲要强了。

第4章 台上一分钟，台下十年功

学习喜剧表演要从在空屋里弹班卓琴开始

伟大的成就往往源自默默的耕耘。

——罗伯特·H. 舒勒（Robert H. Schuller）

史蒂夫·马丁（Steve Martin）初入行的时候会抓住一切登台的机会。在自传《天生喜剧人》（*Born Standing Up*）当中，他回忆了1965年在咖啡与困惑俱乐部（Coffee and Confusion）做常规演出时的情景。用他自己的话来说，那时的表演"完全是周一晚间秀的水准，基本上是个人就能登台"。

所谓的咖啡与困惑俱乐部就是一间空屋子，放上几把椅子，点亮几盏灯泡，人多的时候，这里的表演环境也算不上很好。人少的时候，屋子完全是空的。但即便屋子里连个鬼都没有，马丁也必须准时开演——万一有人从窗外经过时看到他了呢。他说："于是我就上台演了起来，虽然台下一个观众都没有。"

仿佛这样还不够艰难，马丁每晚的演出时间是25分钟。但当时他积攒的幽默素材只够说 10 分钟。于是他拿出了自己所有的本事：一会儿弹班卓琴，一会儿变魔术，穿上戏服跳来跳去苦撑时间："我知道你在想什么，哦，又是弹琴变魔术的把戏。"如果碰上有素质的观众，他还能演满 25 分钟，遇到没素质的观众，他就要扛住，努力在演了 12 分钟后不被喷死。他这样描述那段日子："因为害怕没得说，我开始即兴表演，在台下来回游荡，对着观众说话，和服务员开玩笑，把所有引人发笑的事记录下来，就是为了充实我的写作素材，指望着有一天能填满时间份额。"

虽然听起来非常恐怖（对我来说），但这却是非常理想的练习场所。在十分不利的情况下，史蒂夫·马丁几乎每天晚上都做到了三个要点：舞台时间，舞台时间，舞台时间。他把每场表演都看得很重，哪怕屋里的观众只有保镖。他知道面对挑剔的观众要做什么，准备了一整套表演内容和救场段子。时间一长，无论发生什么他都不害怕。很多年过去了，他还在沿用这个套路，"非结构化和新鲜感"是他脱口秀生涯中的标志性元素。他的成功可以归功于第 4 个幽默习惯：台上一分钟，台下十年功。

喜剧演员的目标其实很讽刺，他们花费所有精力打磨每一分钟的表演，目的是让自己看起来像是在即兴发挥，毫不费力。他们把经过反复验证的素材巧妙地拼接在一起，根据观众的反应随时增减，在他人看来，这些段子像是灵光一现突然想出来的。做了多次练习后，即便是在大型场合中摸黑表演也丝毫不会影响到他们。马丁就是这样的人，每次演出后他都会做笔记，记录哪些段子奏效了，哪些没有，原因是什么。

比利·康诺利（Billy Connolly）是我很喜欢的一位喜剧演员，在讲故事上很有天赋。他用6分钟讲了一个老太太坐公交的故事。在看这段表演的时候，你会感觉故事里的每一句都是昨天才写好的，碰巧今天讲了出来。观众完全无法想象其中的每一句话、每一个词都经过了精心打磨，每一部分都经过了无数排练。

这就是现实，千万不要随性表演。如果不经准备，也许有时能混得过去，偶尔能表现不错，但绝大多数时候会一塌糊涂。你必须练习。只有练习才有稳定性，才能建立好习惯，才能获得成功。这是所有喜剧演员、演奏家和运动员都明白的道理。练习要放在演出之前，而不是当天。在本书的开头我曾说过，这不是一本魔法书。运用书中提到的法则也无法立刻让你变得更有趣、更成功，或是对异性更有吸引力。但只要加以练习，一切都是有可能的。是时候练起来了。

台下做的功课越多，台上的表演就越自如。让我们记住世界公众演讲大赛冠军戴伦·拉克洛斯的话："三个要点是舞台时间，舞台时间，舞台时间。"问题在于我们没办法像专业喜剧演员那样，把所有时间都花在磨炼表演技巧上。别担心，我们不需要做到这个程度。只要结合 80/20 法则每隔一周练习一次，你就会有很大的改变。和他人讲话……和任何人讲话都是练习。把握住每个公众演讲的机会。

下定决心则万事俱备。

——威廉·莎士比亚，《亨利五世》

练习时要不断压缩时间，缩减演讲、发言或是故事稿，直到有观众开始向你抱怨讲得太短了。要知道如今观众的注意力时长越来越短，很多公司和会议也不得不缩短自己的演讲时间。TED 式简短、幽默，且信息丰富的演讲已经成为主流。在精简的压力下，只有最好的点子、笑话和故事才能被囊括进来。即便没有时间限制，也要给自己规定一下。人们会抱怨你为什么不多讲一会儿吗？不大可能。如果真有这样的声音，让他们有所期盼也不是件坏事。

如果你能把一段素材对着朋友、家人和同事讲得驾轻就熟，就可以向陌生人进发了。不要上街拦住路人开讲，通常都没什么好下场。也不要强行向观众灌输观点，没人愿意让别人教自己如何思考。专注于讲故事就好，这样在台上会更受欢迎，根据我自己的经验，也更容易产生接下来的连锁反应。最好去参加开放麦之夜、故事会或是演讲会之类的活动。如果你的时间有限，觉得这样见效太慢，别着急。**什么样的练习方式都可以，哪怕是在家穿着内裤，对着呆呆看着你的猫练习，也比在现场随意发挥的多数演讲人要强得多。让现场发挥见鬼去吧。**

我们来听听爱尔兰喜剧演员迪伦·莫兰（Dylan Moran）是怎样看待天赋这个问题的，他说："千万别信这套！别指望自己的天赋。你绝对会搞砸的。别去想了，反正天赋这东西就像银行存款，存货总比你想的要少。"

应当把这种练习视作一种学习经验，你会从中发现自己需要改进的地方。你的故事和段子清单要一直都处在调试的状态。你的表演在平时也许只能换来同事的一个微笑、开放麦之夜中零星的笑声或是你家猫轻微的吸气声，但放到会议或演讲现场就能制造出哄堂大笑的效果。商务观众太需要找乐子了，你可以把他们想象成一群快乐的海豚，激动地拍着手，身体前仰后合地表达赞许。如今登台的机会有很多，越来越多的商务人士开始跨界到喜剧行业，如果你有勇气来到现场，会遇到一些很棒、很有趣的人。在过去的一年中，我遇到了很多人，有 TED 演讲人、创业者、艾美奖提名作家、律师、销售和软件从业者，既有优秀的脱口秀演员，也有糟糕的脱口秀演员，还有一大群疯子，大家都想通过这种非传统的方式锻炼自己的公众演讲能力。

进步一定会经历失败，但我们会从中吸取教训。

——乔舒亚·福尔（Joshua Foer）

模拟现场进行练习

你想在舞台上怎样表演，就怎样去练习。如果你在家坐着练，当你在台上站着表演时就会有不适感。

演讲中手势的运用也极其关键。站在台上千万不要手插兜，要尽可能多用手势。2015 年，一家名为"人类科学"的行为研究机构发现了 TED 演讲广为流传的秘密。机构创始人凡妮莎·范·爱德华兹（Vanessa Van Edwards）发现一个关键的肢体要素，那就是手部的运动。她的研究显示演讲人运用手势的次数与观看人数相关。

旧金山的脱口秀演员马特·莫拉莱斯（Matt Morales）在这方面给了我很好的建议，他主张练习的时候双手各拿一个瓶子。这样你会慢慢习惯讲话的时候把手放在身体前方，虽然一开始会像僵尸或机器人一样，但之后会显得非常自然。

无论如何也不要低头看脚。把目光集中在前方，就好像你正在和观众讲话。要养成抬头正视前方的习惯，演讲时面带微笑。细节的养成会给演讲带来很大的改变。想要站着说，就不要坐着练。

　　在家练习得差不多之后，就该走到真实世界中检验一下自己的段子和故事了。正如戴伦·拉克洛斯所说："舞台时间，舞台时间，舞台时间。"要想检验自己的套路、段子、故事是否能吸引观众的注意力，能不能把大家逗乐，最好的方法就是真正站到观众面前。

　　你要随时做好改良你的素材和故事的准备。录音、学习，并连续不断地评估每一场表演。这样坚持下来，你可以不断回看，去掉不必要的"啊""嗯""呃"，纠正表演当中的不妥之处（在第 5 章中有更详细的内容）。记录、认知，然后改正。注意到这些细节可以帮助你打磨出一篇更完美、更自如的演讲。从中你也会找到屡试不爽的笑料。

接受酒吧测试

　　如果你还没有准备好面对真正的观众，可以先去酒吧。酒吧和会议室不同，这里更友善，是社交的场所。这里的人更欢迎短小精悍的故事。这就是 IDEO 设计公司 [①] 营销总监兼羞愧故事会联合创作人安妮特·费拉拉（Annette Ferrara）让设计师"接受酒吧测试"的原因。他这样说道："和你的同事到酒吧去（或是想象自己身处于酒吧之中），在餐巾纸上随手写写提纲，就可

---

① IDEO，成立于 1991 年，全球顶尖的设计咨询公司。

以开始讲故事了。讲完之后让对方把故事重复一遍，看看哪些容易记住，哪些不容易记住。修改后重复这一过程。"听起来是不是挺像爱尔兰人想出来的法子？虽然我很想否认，但确实做不到。安妮特的丈夫就是爱尔兰人。

想要克服演出中的突发事件，最好的办法（如果不能说是唯一的办法）就是过度准备。墨菲定律认为会出错的事总会出错。公众演讲领域的墨菲定律则认为：会出错的事造成的麻烦比你想象中还要大十倍，且最终会变得一发不可收拾。手里要拿好提词板，确保自己熟悉上面的内容，演讲内容一定要备份。还有一点很重要的是，一定要熟悉场地和格局。正式上场前想办法上台看看。可以白天去，也可以在演出当晚稍早一点的时间去，站到台上面对空旷的观众席感受一下，给自己熟悉舞台的时间。

每次表演都要录音或录像。你会惊讶于自己在台上居然讲了那么久，之后忘记得又是那么快。这样做是为了尽可能改进每一个不足之处，同时了解哪些笑料产生了良好的效果。最初我觉得这样做非常奇怪，大多数人都讨厌听到自己的录音。马凯特大学健康科学学院院长威廉·库里南（William Cullinan）博士说："厌恶是因为它听起来太陌生了。"人们听到自己的声音和别人听到的不同，自己的声音需要经过内骨和喉管才能到达内耳。这就是为什么自己的声音突然听上去非常陌生。

乔丹·盖恩斯（Jordan Gaines）是宾州州立大学医学院神经科学的毕业生，也是一位科普作家，他曾在 NBC 新闻的稿件中写道："这就像我们照镜子的样子和照片里不同。"很多人准备登台前都会花些时间照镜子。看到镜子里的自己光鲜亮丽，于是出发，一切都很顺利，直到第二天在社交媒体上看到了自己的照片。你会想："这么丑的照片是怎么照出来的？怎么和我之前照镜子看到的完全不一样呢？"

今年的早些时候，我给一位很有名也很有天赋的国际公众人物撰写段子。我惊讶地发现他从不回看自己的演讲。就像其他人一样，**他听自己的声音或看自己的影像会非常不舒服，但尝试了几次之后，很快就养成了习惯，他的演讲水平突飞猛进，讲得也更加有趣。通过回听回看，他很快看到了需要改进的地方，识别出哪些段子奏效，哪些没有效果。**

凭直觉来看，我觉得自己前三次登台演出都不错。我自己感觉很镇定，建立了非常稳固的信心，段子和段子之间的过渡也很顺畅。但回看录像的时候我才发现自己一直在挥舞话筒，就好像拼命要在脸上乱画一样，在台上迈步也很紧张，活像喝醉了的疯子，收到的更多是奚落声而非笑声。这实在太糟糕了。但我有一个段子逗笑了一些人。所以我对它进行重新打磨，套用了段子的经典结构，如今这个段子（改良版）我还在用。不同的是，当初那个只能逗笑一小部分人的小故事，如今可以获得哄堂大笑的效果。

不要忘词

　　最大的恐惧是什么？是在台上大脑一片空白。面对台下的观众，你完全忘了自己要说什么，这对经验丰富的演员来说也是很恐怖的事情。为了避免这种情况，我们可以使用一种名为"记忆宫殿"的方法。这种方法起源于古希腊和古罗马，你需要在大脑中开辟一块或一系列空地，把需要记忆的信息储存进去。从本质上来讲，这种方法是通过形象化的方式整理和回忆信息，提高记忆能力。

　　乔舒亚·福尔就曾在顶级"脑力运动员"的指导下接受了长达一年的记忆训练。年初时他的水平和普通人一样，但年底时他赢得了 2006 年美国记忆冠军。他在《与爱因斯坦月球漫步》（*Moonwalking with Einstein*）一书中描述了自己的经历，他写道：

　　　　我们记忆的方式和内容决定了我们在这个世界上的认知方式和行为方式……笑话、发明、洞察力或艺术品都不是由外部记忆载体创造出来的……我们在这个世界上寻求着幽默感，把毫无关联的概念联系起来，思考出新的观点，共享相同的文化，所有这些人类行为的完成依靠的都是记忆。

记忆宫殿是最有效、最广为流传的一种记忆法，乔舒亚学会了，但他并不是个例。记忆比赛中有很多冠军称自己在用这种方法记忆面容、数字和单词。这些冠军的成功与脑部结构或是智力没什么关系，更多是因为他们运用技巧开发大脑的某些领域来进行特定的学习。对我们而言，就是记住素材，避免可怕的忘词。

这项技能是旧金山的脱口秀演员理查德·萨瓦特（Richard Sarvate）介绍给我的。夜晚的他是个有趣的演员，但白天他可是雅虎公司的计算机程序员，从白天的严谨逻辑到夜间的喜剧冒险，他都在贯彻这项技能。他说："当你创造出一个场景放到记忆宫殿里，最好能让它与周边的环境产生互动。就拿寿司段子来说，我想象出一个寿司师傅，把他放在了公寓大厅的电梯里，他正沮丧地戳着电梯按钮。这样他就和环境互动起来了，更易于我想象和回忆。想象不妨疯狂一些，记得会更容易。在墨西哥印第安人的段子里，我让克利须那神①戴了一顶墨西哥草帽。场景很滑稽，很难让人忘记。"

理查德所用的技术可追溯到公元前 86 到公元前 82 年，出现在第一本拉丁文的修辞学教科书《修辞学》（*Rhetorica ad Herennium*）中，这本书被视为"脑力运动的圣经"。乔舒亚曾

---

① 印度教的神祇。——编者注

在书中对《修辞学》进行了概述："建议在建造记忆宫殿的时候，要尽可能地注意细节，尽可能地有趣一些、粗俗一些、奇特一些。"早在罗马帝国统治之前，我们就知道利用幽默来帮助记忆了，但一路走来我们竟然忘了。我猜大概是在黑暗时代中，人们忘了尤利乌斯·恺撒是怎样披着他搞笑的托加长袍了。

如何建造记忆宫殿

1. **确定宫殿蓝图。**记忆宫殿可以是纯想象出来的空间，但搭建在现实世界中存在且熟悉的建筑上会更容易。它可以是你长大的房子，可以是你现在正居住的房子，也可以是你的办公室。

2. **在宫殿中规定路线。**穿越宫殿时要沿着特定的路线或顺序，这样才能按照场景的顺序逐一谈到它们。

3. **沿着路线确定宫殿中的储物位置。**这样可以在特定的区域储存信息。

4. **牢记记忆宫殿。**最好的办法是搭建时在纸上画出来，之后再在头脑中完成创造。

5. **在宫殿中放置需要记忆的内容。**举例来说，如果你在演讲中要讲到爱尔兰或是某个爱尔兰人（比如我），那么可以想象出一个人来，细节要尽量丰富。这个形象就印在了你的脑海里，很容易回想起来。形象越搞笑、越奇特，记得越牢固。

6. 在宫殿中检查每件摆放进去的物品。检查一下自己想象出来的每个场景，将它们印在脑海当中。这个过程会花一些时间。但本质上就是在排练，你在房子里走一圈，看到了演讲所需要的各种记忆点和话题关键。如果在某一点卡壳了，停下来，看看自己在记忆宫殿的什么位置。

对我来说，记忆宫殿就是我家房子下层的空间，里面有一条小路通向各个房间，我从大门进去（开始演讲），看着各个房间里放置关键话题的位置，有的在沙发上，有的在椅子上，还有的在桌子上，最后穿过门走出去（总结演讲）。我从未在台上忘过词。

记住，喜剧和公众演讲都是内容与表达的结合体。想要表现得更出色，你只能练习。不要等到事到临头还企盼一切顺利。练习让一切变得不同。如果你对去开放麦之夜或去公众场合排练感觉恐惧，也不要紧。我们有很多方法可以帮你解决怯场问题。

避免怯场

人们经常将公众演讲视为最可怕的事情之一。怯场很正常，无论是否有过同样的经历，我们都不难想象出这样的场景：狂跳的心脏、颤抖的双手、潮湿的掌心，还有各种各样的焦虑、自我厌弃以及"为什么我在这里狂抖不止"的想法。正如我之前所讲，这是对我来说最可怕的事。这些面对观众时的不自主反应，曾让我感到非常苦恼。但当我了解了这背后的心理学和科学知识，和其他脱口秀演员、演奏家和演讲人交谈过之后，我才开始意识到这是件非常正常的事。

这是身体在告诉你，我已经准备好了。对负面结果的恐惧刺激腺体分泌出肾上腺皮质激素。这种激素会导致肾上腺素流入血液，这就是不适感的来源。此时身体处于高度警觉的状态。你已经做好了准备。要专注地拥抱这种感觉。当你出现这种感觉时，你应该开心才对。这意味着你的身体正处于巅峰状态，足以面对挑战和麻烦的状况。

不要想着去压抑这种状态。不要以为公开演讲前喝点酒之类的能让你感觉好一点（喝掉 6 瓶"电晕啤酒"效果更糟）。哪怕只喝一两杯也会大幅抑制身体的反应速度，阻碍许多身体应急机制的启动。把自己想象成一名蓄势待发的赛车手，即将争夺决赛的冠军。通常在这种情况下，你会感到非常紧张。似乎来一杯威士忌能暂时抑制这种紧张情绪，但这真的是个好主意吗？除非你想要撞车。

当你感到自己有些怯场，不妨回忆一下商业中的 5P 原则：Proper Planning Prevents Poor Performance（恰当的计划能避免糟糕的表现）。登上台就要相信自己的训练成果。你已经投入地练习过了，你已经准备好了。结果可能非常好。上台前，闭上眼聆听自己的心跳，呼吸，放松。做拉伸运动也是一种广为流传的好方法。拉伸会向身体发出放松的信号。我讨厌拉伸和瑜伽，老实说，我并不是注意力缺失症患者。你只会在上台前看到我做这个动作。真的会有很大的不同！

史蒂夫·马丁很清楚单人表演会出多少差错："脱口秀很少能在理想的环境中表演。注意力分散是幽默的大敌，而大多数脱口秀的表演环境都很嘈杂。我要担心音响系统、环境噪声、捣蛋分子、酒鬼、灯光、突如其来的巨响、迟到的观众、大声的呼喊，更不用提那些嘀嘀咕咕的质疑声：'好笑吗？'"

但他知道恐惧可以转化为自身的优势："我认为这些担忧能让我保持清晰的头脑和敏捷的反应。酒杯掉落的一瞬间，我会立即调整抖包袱的时间。赞助商打喷嚏时，我会提高声音把它盖过去，恰好赶在噪声发出的一微秒之前完成。"

对马丁而言，成功的脱口秀表演源于练习和舞台时间（无论有多折磨人）。无论面对的环境是好是坏，练习一直是表演成功的关键。过度的准备使你能够面对任何情况。有了知识和信心，在台上发生任何事你都能够处理，这会在一定程度上减轻你的恐惧感。所有的练习都是值得的。只要情绪镇定，不断排练，把材料烂熟于胸，上台后你会比从未练习过的人好得多。毕竟正如马丁所说："坚持是天分最好的替代品。"

练习：打磨故事，列出清单

在家中或工作场所找个位置，一边讲故事一边录，录音频、视频都可以。如果有可能的话，视频更好。不必停下来纠正自己。在这里，你可以把想法变成声音，让思想自由漫步。你会惊讶地发现说话比写作的细节更加丰富。

讲故事的时候会出现一件奇怪的事。即便没有观众在场，我们也总想把沉默的空白填满。这个过程会出现很多填充词，但也同时会出现稿子中没有的细节。这种有意识的讲述可以为你节省不少舞台时间。

回放看看自己加了多少东西，哪些可以留下，哪些需要删掉。把讲述的版本与第 2 章练习的写作版本进行对比，记录下所有不同之处。这是精练语言的过程，同时还可以添加额外的小细节，整个故事会因此大变样。

如果回放的时候自己都会笑出来，说明这个段子很不错。如果某个故事你很爱讲，那么多半观众也很爱听。

接下来按照自己喜欢的方式重写，参考前面段子的写作结构。

把你最喜欢的故事尽可能精简，列一个 5 分钟清单。清单上的内容是你想在台上讲的话题和故事，一般都是关键字（不需要把每个字都写出来。它更像是在卡片后面写下的要点）。利用要点构建自己的记忆宫殿。对于有意从事脱口秀行业的人来说，5 分钟是开放麦之夜的起步时间（对新手来说，时间一般在 3 到 7 分钟之间，5 分钟更为常见）。很多人不打算参加，或没有时间参加这样的活动，这也没关系。你可以在工作或家以外的地方，对着真人练习清单上的内容。

随着公开演讲次数的增加，练习的次数也在增加，你会不断往里面添加新内容，这张清单会越来越长。一般来说，新晋脱口秀演员在最初的几个月里可以讲满 5 到 7 分钟，专业演员一年会增加 60 分钟的新内容。记住，你只需要靠几个比较给力的段子就能激活整场表演，而不是卖力地讲满 5 到 7 分钟。但你的"段子清单"越长（你需要用足够的勇气和时间去检验它们），能够用在演讲中出彩的段子也就越多。

在此观看乔·科文（Joe Kowan）是如何战胜怯场的：

https://www.ted.com/talks/joe_kowan_how_i_beat_stage_fright?language=en

第5章 表 演

> 我从未逐字逐句记下过整篇演讲,但我肯定能记住每部分开头和结尾的两三句话。
>
> ——提姆·费里斯

"好,下面是哪一位?"开放麦之夜的主持人站在台下,迎着光,眯着眼,寻找着名单保管员。我的心开始怦怦跳,因为我已经知道了答案。

"戴夫。"人群中响起一个声音,"但只留了名字……戴夫。"

还要写姓吗?单子上没有要求啊。我从座位上站起来举手。我这是在干吗?我问自己。你又不是小孩子,被点名时还要答"到"。我把手收了回来,希望这个动作看起来很随意。这是一个很酷、很冷静、很放松、很随意的动作。最好还有点活动手腕的意思。它变成了一个很酷、很冷静、很放松、很随意的拍苍蝇动作。

"戴夫,你姓什么?"主持人问道,示意我走上前去。

"呃……尼希尔。"这是我的姓没错吧？在走向他的过程中，我基本有 72% 的确信度。

"你希望我介绍的时候说你的全名吗？还是你想当神秘大卫？"

"非常感谢，这样就好。"我向着舞台迈了一小步。

"你希望我介绍的时候叫你大卫·迈克尔还是大卫？"

"我叫大卫·尼希尔。"我走到话筒前，"我没听过迈克尔这个名字。"

"大家掌声欢迎乔治·迈克尔！"

真是好极了。

这就是我首次尝试脱口秀的场景，现在是不是知道为什么"爱尔兰戴夫"这个艺名如此受欢迎了？这段尴尬的对话就发生在舞台上。这个消遣我的笑话还不算是最坏的开头。汗已经浸湿了 T 恤，我开始笨拙地摸索纸条。就在我努力控制肾上腺素时，"颤抖的史蒂文斯"死灰复燃、重出江湖，我连摘下话筒这样的小事也做不到了。几秒钟之内，我的大脑一片空白，念稿的时候还在努力控制颤抖的双手。由于上台时过于紧张，我完全忘了要把话筒拿得近一点，只能在臂展范围内左右挥舞。观众估计都在想，这样像风车一样挥动，话筒会不会最后砸到我的头上，幸运地把我砸晕过去。每一次挥动都增加了一分可能性，如此一来观众被逗笑的概率大大降低，大家都在等待结束，让我从这份苦难中解脱出来。

那天晚上我演得很糟，到最后也没有好转。有一件事很离奇：这里不是大戏院的舞台，不是大型会议，也不是新品发布会。这是一家爱尔兰酒吧还未完工的地下室，现场混乱得像是爱尔兰包工头和墨西哥工人之间（或是颠倒过来）出现了沟通障碍。在场观众不超过八个人。才八个人啊！我到底怎么了？

表演者在台上的行为会严重影响表演效果，这一点是我从血淋淋的教训中学会的。想要把演讲表演出来，喜剧演员是专家，我们可以从中学到很多东西，他们看起来做得轻巧，实际都是通过很痛苦的方式习得的。在本章中，我们会学到很多关键技巧，这些是在我们拿起话筒，真正开始演讲时需要注意的事。不用说，我真的希望自己没有受那些苦，早早了解这些。

开头有力/前30秒

百米短跑运动员都知道，起跑不好是很难赢得比赛的。同样的，演讲的前30秒决定了整场演讲的命运。**在前30秒的时间里，你要抓住观众的注意力。告诉他们你是谁，为什么要听你讲，并设法让他们喜欢上你。**我曾在两天晚上讲了同样的段子和故事，收到的效果截然不同。效果不好的那一场，我搞砸了开头的30秒。记住这一点，如果开头的30秒真的能为接下来的演讲定下基调（真的可以），那么我们就要着重练习这30秒的内容。

前 30 秒的结构尤为重要。史蒂夫·乔布斯经常把最精彩的内容放在最后，留下著名的"还有一件事"，你也可以这样做。用排在第二位的笑话开头，把最好的笑话留在结尾，给观众留下最深刻的印象。在后面的内容里，我会告诉你如何辨识、评估出你最好的笑话和故事。

想象自己在这样一个场景中。周五早晨，你给所有朋友、同事还有所有工作中不常联系的熟人发了封邮件。"嗨，我打算在办公室搞个演出，你应该来看看。一开始，我会按照时间顺序大声朗读之前的工作经验，就像念简历那样。对我不太熟悉的人，可以到领英网上全面了解一下。我不会征求或采纳你们的任何意见。我说的内容，大多数人早就知道了。这些内容都印在活动的官方材料里，主持人看得到，你们也都拿得到。现场不提供酒水，这是一场专业活动。有谁要报名？"回应者应该很少，但大多数商务演讲都是这样开头的。不要成为其中的一员。

不要不拿主持人介绍当回事，这点我深有体会。演讲是从介绍开始的。你可以利用这个机会，让主持人向观众解释你为什么有资格站在这里，大家为什么要听你讲，在单子上列出你做过什么，这样就不必自己再说一次了。你可以直接从故事讲起，而不是以自我营销的方式，按时间顺序罗列大大小小的成就。你的名字只需出现一次，放在介绍的最后。这样在你的名字响起时，观众就知道应该鼓掌了，同时对你的出场充满了期待。一定要预先提供介绍词。看在老天的份儿上，一定要写全名。很多主持人或司仪都喜欢即兴穿插段子。不要给他们开你玩笑的机会。乔治·迈克尔就不会这样……对不对？

迅速上台

主持人介绍完毕（希望伴随着热烈的掌声），你就要立刻上台。掌声减弱的时候你就要到位开始讲话了。如果出于某种原因需要此时做一些调整，可以请观众为主持人或之前的演讲人再次鼓掌。

鼓掌也遵循"3"的法则。观众会习惯性地鼓掌或大笑。如果主持人没能在介绍时赢得热烈的掌声，也可以此时为自己向观众要掌声。三次鼓掌后，这种惯性会延续整场演出，甚至延伸到下一位演讲人的演出。比如，你可以请观众为演讲人、主持人、之前的演讲人或是演出/会议/演讲的赞助商和组织者鼓掌。

微笑并保持眼神接触

在前 30 秒内，尽可能多与前排的听众进行眼神交流，这项工作要持续整场表演。在情感层面上，你要尽可能和更多的观众产生关联。如果你看起来是一副很享受、很开心的样子，观众也会被你的情绪感染。

迅速把观众逗笑

路易斯·冯·安（Luis von Ahn）是危地马拉的企业家，也是卡耐基梅隆大学计算机科学系教授。对普通的互联网用户来说，他有一项恼人的发明，那就是验证码。这组讨厌的几乎看不清的字母阻止你访问邮箱、银行账户，阻碍你在醉醺醺的时候上亚马逊乱买东西。在 TED× 演讲时，他首先讲了大多数人对验证码的看法，并熟练地把这份期待变成包袱抖了出来："有多少人在网页上填写信息时见过这样一串扭曲的字母？好的。有多少人觉得这真的真的很讨厌。很好，人数不少。其实，它是我发明的。"

结果是：他迅速地把自己的工作人性化，爆笑之后，人们的注意力一下集中起来。要说开头有力，这是个绝佳的例子。

我试过很多不同的开场白。这是我 2014 年 10 月在圣何塞即兴表演喜剧俱乐部用到的："大家都以为操着外国口音在美国是件好事……直到你发现根本没人听得懂你在说什么。带着口音打一通自动客服专线试试。'感谢您致电美国银行。英语请按 1，西班牙语请按 2。爱尔兰客户请发邮件给我们。'"

房间里总会有一种紧张情绪，观众希望更多地了解你，这样才能决定是否要听下去。迅速把观众逗笑是缓解这种情绪的好方法。笑过之后可以再讲一则逸事或自己的故事。你和观众之间才能建立起关联。无论是产品推介、研究分享，还是大众化话题，你都需要告诉观众你是谁，关心什么，为什么他们也应该关心。内容要与观众有联系，要能够引人入胜，要用好第一个幽默习惯：从讲故事开始。开场的笑声释放多巴胺，你和观众会感到更自在，这会进一步增强代入感，打破壁垒。**如果你觉得有必要，可以把屋里的人想象成裸体，但让他们笑出来会更加有趣。**

裸体之外，自嘲也是迅速引人发笑的好办法。如果你已经紧张得溢于言表，衬衫上出现了潮湿的汗渍，或是你在外表上有什么不同之处——那些观众第一眼就注意到的不同——现在就讲出来，观众一笑就过去了。对我来说，因为生活在美国，我的爱尔兰口音显得很突出。所以我会立刻承认自己是爱尔兰人，并就此开个小玩笑。这样一来，观众的注意力会放在接下来的内容上，而不会把前 30 秒全部花在思索"我是哪里人"的问题上。

应对现场

喜剧界把承认显而易见的事叫作"应对现场"。也就是讲出屋里正在发生什么，人们可能在想什么。推特上线的时候，联合创始人比兹·斯通（Biz Stone）很乐于展示早期各种不完美的问题——多数都是由系统不稳定造成的。当我们在普通网站上发消息时，会看到一条成功的提示："谢谢。您的信息已发送。"但推特只会告诉你："很好，应该是发出去了。"

在现场直接感受一屋子观众的情绪，要比起藏在屏幕后面猜测容易多了。我们能得到即时的视觉反馈，优秀的演讲人都是这样做的。描述现场正在发生什么，描述你与观众共同的经历。你可以评论午餐、现场、室温、迟到或早退的观众、巨大的噪声、打喷嚏的人或是后台响起的火警警报等。脱口秀演员从不会忽视这些细节，因为它们常常能把观众逗笑。你尝试"控制现场"的次数越多，就越得心应手，越清楚哪些能奏效，越有能力解决潜在的突发情况，越有可能取得更好的效果。

我曾有个客户，他打开幻灯片放了一段视频，重点展示自己的企业和个人成就——这一切为他赢得了超过 4 亿美金的净资产。虽然视频令人印象极其深刻，制作也非常精良，但却把他高高架了起来。人们觉得他很难接近，不讨人喜欢。之后他开始讲段子，但结果你也猜得到。对于不喜欢的人，无论对方讲多幽默的笑话你也笑不出来。所以他必须要打破前面给观众留下的印象才行。我要他在视频播放完毕后上台说："看出来视频是我妈妈做的了吗？如果是我妻子做，又会是另一个样子！"这种自我嘲笑把观众逗笑了。自嘲式的幽默让他瞬间变成一个活生生的人。演讲中的段子也赢得了更多的笑声。

自嘲可以迅速使观众站到你这一边。根据露西·凯拉韦（Lucy Kellaway）近期在《金融时报》上发表的文章，自嘲能"让对方卸下防备，忘记你有多强大的权力，诱使他们对你产生好感"。但它仅限于身处高位，拥有权威时才有效果。自嘲是一项很好的备用技能，但一定不要以自己的声誉为代价讲太多有损个人形象的俏皮话。

我们要再次引用杰瑞·宋飞的话："在文明社会里，没人比脱口秀演员受到的评判更加严苛。人们只听12秒就做出了评价。"演讲没有脱口秀这样严苛，但前30秒的作用绝不容轻视。重点练习这一部分。不要掩饰问题，演讲的开篇就是拉票环节，你必须要赢。

实用建议：

在正式开讲之前，可以尽量向更多的在场观众介绍自己。它能降低舞台带来的界限感。不要拖到已经开始演讲后再介绍。

台上表演

接下来，我们来看看在前30秒之外，我们需要在整篇演讲中注意哪些内容。

声音响亮——去掉"啊""嗯""但是"

话有些直白，但说话一定要大声一点，让观众能听得清。要让房间里的每一个人听清楚。如果你的声音能比日常讲话高出20%，附加的好处就是无关用词（"啊""嗯""但是"）的使用频率会降低。我们用高于日常的声音讲话时，是很难"啊"或"嗯"的。虽然这样感觉有些奇怪，但观众听起来会很自然。

别把话筒吃了

这应该属于"本能"类的知识，但现在的演员实在让人拿不准。千万不要小看紧张的魔力。新晋喜剧演员和演讲人总喜欢把话筒拿得很近。把话筒拿远一些，最好放在下巴以下。当我特别紧张的时候，会把话筒放在支架上，等到大家笑过几轮后，我就有信心了。镇定下来后，我就会把话筒取下来。

相信自己和自己的内容

如果你表现出知道自己在做什么的样子，人们就会相信你，自信是会传递的。记住，观众心底是善良的。没人愿意看到演讲人或是演员失败。大家都希望你成功。只需要给他们一个相信你的理由。

演讲不要说教

在舞台上多对话、少说教。这样观众能更加放松，演出会像是一场亲切自然的讨论。

露出全身

如果有讲台，尽量不要站在后面。如果有话筒支架，等到你觉得合适的时候取下话筒站到一旁。观众总是要看到你的全身才会充分信任你。

注意面部表情

从上台的一刻到下台为止，你的表情都至关重要。记得保持微笑。尽量与更多的观众保持眼神接触。试着和他们建立联系。

使用手势

记得使用手势，不过千万别把在家练习用的瓶子带到台上来。增加手部动作可以提高演讲走红的概率。演讲时也可以把双手握紧，显出对内容十分确信的样子。这由你自己决定。喜剧演员马特·莫拉莱斯曾给出过建议："选择后者并不会让演讲更出色，但那个时候你也不会在乎了。"

别像只仓鼠一样

无论新手还是老人，大家都喜欢像可爱的宠物仓鼠一样双手握紧放在身前。还是把这样的仓鼠留在家里吧，出现这样的冲动时，也要有意识地控制自己。

利用舞台

如果你所站的舞台很大，利用它与观众多多接触。可以向着他们走过去，尽量扩大在舞台上的活动范围。不要因为紧张而四处乱跑。我们不希望分散观众的注意力。

抖包袱时强调重点

讲到笑点或关键点的时候，可以迈向前方、提高声音。这个组合动作确实可以强调重点，进一步吸引观众。同时也暗示观众要准备笑了。

不要把大段的稿子带上台

如今，大多数组织者都意识到了讲台的缺陷，它在演讲人和观众间构建了一道屏障，你的稿子迟早会无处安放。最好彻底脱稿，如果你一定要拿点什么，也要做得隐蔽一些。可以写在水瓶标签上，也可以写在纸巾上。便条始终都要放在衣服的后兜里。如果你没有后兜，那就发挥创意吧。拿着稿子上台会让观众认为你没有完全准备好，同时也会搅乱思路和眼神接触。

关好衣橱

紧张出汗是一件很常见的事。考虑到这一点，上台时尽量穿不易显出汗渍的深色服装。史蒂夫·乔布斯那件黑色的高领毛衣非常有名。这意味着他要操心的事又少了一件。登台演讲时我也是这样做的。每次上台我都知道自己要穿什么（至于身体的哪些部位会出汗，这属于我私人的小秘密），我需要担心的事也少了一件。适合演讲穿着的服装面料有100%纯棉、亚麻、轻型美利奴羊毛、针织材料、条纹布、人造纤维、丝绸或速干面料。

别忘了停顿

　　时机、节奏和停顿非常重要。表演是关于怎样讲笑话的，而时机是关于什么时候讲出来。适当的停顿可以引起观众的好奇。给大家时间来调整呼吸，制造紧张，然后，砰！包袱一下抖了出来。这样的停顿和节奏让观众有机会跟上你的思路，做出真实的反应。表演当中有些小调整会带来大效果，比如可以在句末提高声音。脱口秀演员认为要想学会把握时机，只能通过舞台时间练习。这句话确有道理，随着不断练习，演员会对讲故事、抖包袱愈发精通。当我能辨别哪些故事更成熟，掌握观众大致的笑点后，我会更有信心去调整，给观众留出笑的时间。我希望听到他们的笑声，为了做到这一点，把握时机的能力也就提高了。

即兴创作

　　推特前首席执行官迪克·科斯特罗（Dick Costolo）曾说："你没有草稿。即兴创作的美妙之处在于它是当下你正在经历的瞬间。"在来推特工作之前，他曾是活跃在芝加哥的一名即兴喜剧演员，与史蒂夫·卡洛尔（Steve Carrell）共同从属于著名的即兴表演剧团"第二城市"（Second City）。

　　互动是指演员用提问的方式与观众交流，可以是一群观众，也可以是一位观众，抓住某一点即兴展开。即兴喜剧的本质是基于自然流露的，一种没有经过特定准备的艺术表演形式。这种表演总能引发观众的哄笑，因为它确确实实发生在当下，是演员和观众之间的笑话。与经过充分准备的内容相比，即兴表演更具魔力和创造性。最有效果的喜剧应当是脱口秀、讲故事和即兴创作的结合。商务演讲者也是一样。一旦你有了很好的灵感，不要害怕即兴脱稿。

> 真心的笑不由自主。就像泉水涌起的水花，是行动与自发性的结合体，两种神奇的药剂结合在一起，构成了笑的精髓——它是人们内心奔放的情感！
>
> ——道格拉斯·费尔班克斯（Douglas Fairbanks）

在电影《夺宝奇兵》中，即兴表演创造了电影中最令人难忘的一幕场景，哈里森·福特（Harrison Ford）饰演的印第安纳·琼斯遇到了一名技艺高超的剑客。虽然没有按照剧本表演，但这个片段成了影片中最大的笑料。福特在当地吃坏了肚子（类似于我在危地马拉的经历）。突尼斯当时正烈日当头，他没有精力完成打斗场景，于是出现了一段即兴表演。他没有按照史蒂芬·斯皮尔伯格的剧本用剑对决，而是掏出手枪干掉了刺客。这个意料之外的场景成为了经典瞬间。这就是即兴表演的力量。

在熟悉场地和观众后，你可以针对观众的兴趣挑选素材，编排特定的段子。如果能在会议或演讲前拿到观众的名单，或是了解观众的来源、平均年龄和职位等就再好不过了。如果多数是游客，或是来自同一家公司和国家，准备时可以好好参考，尽自己所能组织出一些段子。

> 即兴表演教会我们如何快速反应，如何去应对和适应突发事件。
>
> ——拉克希米·巴拉柴卓尔（Lakshmi Balachandra），
> 美国麻省理工学院斯隆管理学院

关注排在你前面的表演，这样你就能利用他们的段子或者找到合适的方式引用，也可以保证你的素材或主要观点与他们没有重叠。我吃惊地发现很多商务演讲人和脱口秀演员拒绝这样做。他们的理由往往是不希望自己准备好了的演讲受到前面的人的影响，但如果前面有人讲了同样的话题，开了同样的玩笑，未免就得不偿失了。短时间内，观众通常是信息过载的状态，这一点告诉我们，引用的内容不要离你的表演太远。建议提及的表演人排在你前面的三个人以内（例如，你是第六个上台演讲的人，提及的范围不要超过第三位表演人）。如果时间隔得太久，观众很可能一下回忆不起来。

段子反应平淡怎么办？无论段子本身多好笑，这种情况都有可能发生。注意到这个现象，说出观众内心的感受。如果段子效果不好，承认这一点之后继续。你可以说："唉，不好笑是吗？没关系，下面这个更好！"引出下面的内容，或是："你们不喜欢这个段子？我家的狗可喜欢了！我一直都对着它练习。"之后再去讲别的。要讲出观众现在的心情。如果内容不奏效，告诉观众你注意到了这一点，他们会谅解你。

在喜剧演员扎克·加利费安纳基斯（Zach Galifianakis，也就是电影《宿醉》当中的艾伦）一举成名的旧金山舞台上，杰夫·克莱斯勒（Jeff Kreisler）也遇到了这样的情况，但获得了不错的效果。杰夫曾获比尔希克斯"发人深省喜剧奖"，他是畅销书作家、TEDx演讲人，也是喜剧中心频道的写手。试验新段子的时候，他没能得到理想的反馈。他面对观众思索着，停顿了一下，好像陷入了沉思，然后开口道："哇哦，作为观众你们还真是笑得……很节俭啊。"结果引起了一阵爆笑。

即便运用了记忆宫殿的技术，我们还是会遇到忘词的时候。别担心，可以诚实地告诉大家："我忘记要说什么了。"慢慢回忆，你总会想起来。上台时可以带瓶装或是杯装的水。一旦忘记自己要讲什么，或是正在记忆宫殿里搜索的时候可以停下来喝一口。

记住，任何情况下都可以找到笑点。面对不理想的效果，你总能找到幽默和自嘲的方法："你们可能觉得我讲得不好。不对。是你们做得不好。都回家好好学习一下，怎样当个好观众。"

可以提前准备救场段子，解决现场表演当中的小问题。

即兴表演也要牢记写作要领：用现在时讲述更加生动。如果即兴发挥出了问题，现在时态能助你一臂之力。你的态度也很重要，可以使用语气词来表达。要努力推销自己的主题、故事和段子，它们对你至关重要。要记住把古怪、恐怖、神奇、困难、愚蠢、疯狂、狂热这类词语加入你的段子中，在表演的瞬间你可能会忘记。

表演可以在最短的时间内获得最大的进步。虽然有些血淋淋的教训，但你会记得很牢，下次不会再犯。就像七岁的时候我在河边捞蝌蚪，小便休息的时候没有注意观察环境，篱笆上的电流一下击中了我的私处，给我上了很好的一课，让我方便之前一定要检查。这样的教训只经历一次就够了。从经验和故事当中得来的教训总是很深刻，今后再遇到也会很容易回忆起来。

除了不要朝通电的设备小便之外，我还有很多故事，全部记下来确实困难。因为数量真的很多。

就像足球运动员伤愈归来，或是拳击运动员很久没有出拳的状态一样，如果你很久没有登过台，组织故事的方式会出现明显的不同。

表演需要练习。当我遇到大型活动或是要主持会议时，一定会提前几天进行练习。即便是最优秀、经验最丰富的脱口秀演员也会这样做。杰瑞·宋飞至今仍经常在全美进行小型演出。他曾对《纽约时报》说：

> 如果半个月没有表演，我就会感觉到不妥。几年前我曾读过一篇文章，里面讲到当你大量练习某项运动时，你的大脑就会处于一种宽带状态——此时大脑神经通路可以容纳很多信息，而一旦练习停止，通路便开始萎缩。这篇文章改变了我的一生。过去我经常会想，为什么我要一直上台表演？我不是早就已经知道该怎么去做了吗？答案是不，你必须坚持下去。一旦停止，你的带宽就开始萎缩了。

就像史蒂夫·马丁和杰瑞·宋飞这样，优秀的商务演讲人会用练习表演的方式抓住每一个机会锻炼肌肉记忆，保持神经通路通畅。你也应当这样做。

还剩下一件事：

享受其中的乐趣。这是一个创造的过程，与所有创造的过程一样，你只会变得更好。你越是享受（且看起来也很享受），观众也越是享受。他们的行为需要你来塑造，就像管弦乐手等待着指挥的信号。忘掉"颤抖的史蒂文斯"，多学习史蒂夫·乔布斯。永远把精彩的留在最后。

练习：实践时间

试着写一写开场段子，牢记演讲前 30 秒的重要作用。这段练习节选自朱迪·卡特（Judy Carter）的一篇文章，他是畅销书作家，也是喜剧表演教练：

把自己的种族、父母的国籍、自己的爱好，以及当下和过去的职业列一张清单。

从中挑出两项来，填入下列公式：

"你们可能不知道，我是 _____ 和 _____（或者"我是某某与某某的混血"），这意味着我 _____。"

这样做是为了亮明关键身份，并以幽默的方式与观众进行交流。就这样，我在开场段子里亮明了爱尔兰口音的由来，提醒大家听的时候可能会有困难。

本周内尝试进行一次公众演讲。可以选在工作中、课堂上、演讲提问环节，也可以在学校或办公区域内发言。如果迄今为止你只在家中穿着内裤练习过，最好能在附近找一个开放麦之夜的舞台（当然这次要穿好裤子）或故事会（比如"飞蛾故事会"）。第一次登台前，尽量制定好第二次的登台计划。以此保证无论第一次表现如何，你都会再次登台。如果你确实不想登台，可以去找当地的演讲团，参加公开演讲聚会。如果这样都不愿意，可以先给朋友和家人讲一讲，直到肯定自己有了好故事再走上台。想要试验故事和段子的效果只能面对现场观众，没有其他方法。

要习惯在活动、工作或开放麦之夜上公开讲话。不是每次都要讲。但成为演讲人的愿望越诚恳，你就要花费越多时间。可以从两周一次开始。

每次演讲结束后奖励自己一下，但不要放在演讲前。奖励可以很简单，可以看电视、跑步或是嗅一块巧克力（别指责我。紧张会让你做出很奇怪的事）。正性强化法既然能教会你的狗打滚，让你感到非常骄傲，那么同样也能帮你养成一个好习惯。

表演前不要喝酒精类饮品。我们要享受这种高度紧张的状态。

准备的素材和故事要健康。这些材料要在商务环境中使用。简单来说，腰部以下的段子要统统删掉。

试着把它们用到你的故事里。

无论面对 3 名观众还是 3000 名观众，都要尽最大努力。还是同样的道理。

实践、实践、实践，记得录音或录像。

为了不辜负那些在台上花费的时间，你要仔细研究表演记录，重点关注：

· 观众对什么产生了反应？

· 人们关注哪些内容？

· 哪些内容引人发笑？

· 哪部分需要拿掉或重写？

· 台上的肢体语言和表演如何？

· 哪部分需要改进？

表演环境总是在不断改变。人们对同样的段子和故事会有不同反应。影响因素有很多，比如舞台的高度、房屋天花板的高度、自然光线亮度、观众的注意力程度、现场气氛铺垫、前面的表演、开场的前 30 秒等。

当你决意删掉某个段子或故事的时候，要确保自己试验过至少三次，尤其当你自己非常喜欢讲它的时候。有些场合确实很难把人逗笑。但当你在更大、观众注意力更为集中的场合（尤其是商务环境中）进行正式演讲时，咯咯的笑声就可能会被放大成排山倒海的笑声。

可以考虑学习即兴表演课程。在我写作本书之时，推特在总部一周就开了四节课。他们有很好的开课理由，你也可以用他们的理由说服你的老板。甚至连麻省理工学院都能佐证学习即兴表演的益处：该校对一群即兴喜剧演员进行研究后发现，他们的点子比专业产品设计人员多 20%。与写作练习、演讲练习一样，即兴表演也能提高创造力。这种训练确实很有价值。

关注肢体语言。艾米·卡蒂（Amy Cuddy）在 TED 演讲中有相关话题，如果你还没看过，可以学习一下。

我曾见过很多失败的脱口秀演员，他们在台上笑也不笑，双手僵直，甚至都不抬眼看观众。肢体语言非常重要，但如果内容糟糕，表演得再花哨也毫无价值。

第6章　掌控听众

让人们被动顺从有个很聪明的方法，严格限定讨论范围，允许在范围之内展开异常激烈的争论。

——诺姆·乔姆斯基（Noam Chomsky）

旧金山市中心一座完美的喜剧舞台在脱口秀界的地位，就相当于斯坦福大学在大学中的地位。"点睛之笔俱乐部"的房顶很矮，笑声可以轻易在房间内聚拢；屋里有大量红色装饰，科学家认为这种颜色更易促进人们发笑；座位挨得很近，有利于情绪的传递；舞台很矮，演讲人几乎就站在人群当中。在这里表演获得的笑声远比多数其他场所更多。脱口秀演员都喜欢在这里表演，像优秀的学生才能进入斯坦福大学一样，只有优秀的演员才能在这里登台。新人在周日晚上登台的机会最大。根据不成文的规定，你基本要有至少两年的表演经验，来看过九个月的周日秀，并且要耐心等待叫到自己的名字，上台为全场观众带来七分钟的精彩表演。但耐心并非我的强项，抄近道才是我的特长。在一年的时间当中，我成功登上了这个舞台七次。但今晚我想说的不是某个人磨炼了技艺，也不是他顶着丧气的艺名四处碰运气。我想说的是安德鲁。他是一名有着十年全职从业经验的喜剧演员，非常善于控制现场，他掀起的笑声让你觉得现场仿佛多了一倍的观众。今晚他在观众中找到了一对情侣。

"这一对长得可真好看。你们在一起多久了？"

"两年。"男人回答道，旁边的姑娘温柔地靠着他。

"你叫什么名字？"

"约翰。"

"是认真的吗，约翰？"

"是的。"

约翰的女朋友脸红了。她非常开心。她温柔地看了他一眼，但她并不是唯一的一个。全场的陌生人都了解并喜欢上了约翰和他漂亮的女朋友。

"真是漂亮的姑娘。估计在一起一年后你就知道了。你爱她吗？"

"爱。"约翰回答得很快、很潇洒。

"干得漂亮，约翰。他知道这个规则——无论是什么问题，永远不要犹豫。你爱她吗？爱。她胖吗？不胖。没错……永远不要犹豫。干得好。你今晚有福了。"

观众笑了起来，姑娘笑了起来，约翰也笑了起来，这个即兴问答他搞定了。

"既然你们是认真的，订婚了吗？"

"没有。"约翰像是吞下了尖锐的利器。

"你们是认真的，她这么漂亮，你又这么开心。你爱她。这段关系很不错。这你也知道。是认真的。别人会说特别认真。但是……没到订婚那么认真，约翰……没到需要订婚的程度。看看在场所有的女性观众。之前你说爱她的时候，大家都很喜欢你，但现在大家会问：'约翰，你们为什么不订婚呢？你知道自己可以让今晚变得特别美妙吗？'"

期待和紧张的气氛蔓延开来，笑声也变得紧张。安德鲁真的会让他在这一屋子陌生人面前向女朋友求婚吗？

"看看约翰的表情。你们都应该看看。他完全是一副'笑话讲过了，你个混蛋。赶紧走开'的样子。"

"别担心，约翰。我们不会这样。我不会逼你在这群人面前求婚。"安德鲁转向女孩，"但如果他求婚，你会说什么呢，这位安德鲁的女朋友？"

"好……"女孩轻轻说。

"哇。"安德鲁抬起头，"哦，约翰，对不起。你这辈子被我毁了。"

这个段子每一句看似都是即兴的。事实也确实如此，这两位观众和前一天的观众不同，和再前一天的观众也不同。这就是即兴练习与控制现场的精髓。安德鲁在台下做了大量分析，围绕这个核心段子试验了各种方案与措辞。在表演的那一刻，一切都是那么自然。

　　顶级脱口秀演员和演讲人有一些预先准备好、希望和大家讨论的话题。成功的表演源于对观众的掌控，他们指挥观众向既定的方向前进，最终抵达设定好的讨论话题。经常这样没问题吗？没问题。记住，话筒在你手里。你要掌控全场。这一点同样适用于采访和其他社会交往。作为演讲人，你能让多少观众讨论你提出的问题。如果你想抓住大家的注意力，拉长讨论的时间，那么问题就要有开放性，引导问题的走向。使用"怎样、什么人、什么时候、什么事、为什么、去哪里"这样的词，这样的问题更容易得到具体的回答。这样的问题一般需要进一步的解释。如果你想抓住一位观众的注意力，又不想让他讲得太多，问题就要有封闭性，引导对方用"是"或"不是"简单回答。

　　现场的观众互相并不认识，但有时会出现很奇怪的现象。他们会做出同样的反应，一起笑，一起鼓掌。他们开始变得像同一个人。要表现出需要不断获得肯定的样子。这就回到了前面的内容。**既要让观众喜欢上你，又要对他们进行统一控制，因为他们会得出一致的结论，决定要不要继续听你讲下去。**

吸引注意力

我见过很多商务演讲人登上台就开始讲，而下面的观众还在聊天或找座位。有时是因为主持人没能完成任务，有时是因为其他原因，但肯定的一点是：你需要让噪音停下来。演讲人经常会容忍台下的聊天声，他们低下头，以最快的速度把内容讲完。结果呢？噪音会越来越大。

下次再出现这样的情况，记得停下来，如果观众能听到你的声音，请他们为你鼓掌。一旦有人开始鼓掌，请大家一直鼓下去，直到聊天的人也停下来加入大家。观众就像鸟群，行为会自然而然地趋同。他们会认为你说了一些值得鼓掌的趣事，害怕自己错过精彩的内容而加入进来。现在你可以重新开始了。我在主持会议的时候都会这样开场，而且从未失手："如果能听到我，请鼓掌示意。"

不要忽视干扰，时刻准备应对突发事件

在讲话或演讲时，我们总会被人打断。这在喜剧表演中叫作起哄。虽然这种讨厌的干扰会打断思路，但我们应当忍耐，除非他们影响了其他观众。这种情况你能感受得到。在观众的默许下，你可以阻止干扰。我们都遇到过这种情况，一个人不停地说着无关的内容。如果你觉得厌烦，观众很可能也觉得厌

烦。在打断对方前，要先对观众情绪进行确认。除非逼不得已，永远都要保持礼貌。记住，你要能够掌控观众。话筒在你手中，无论其他人叫得多大声，你的声音都高于所有人。

虽然喜剧舞台上的回击方式并不适用于商务环境，但了解一些极端的例子也没什么坏处，在实际使用中我们可以选择更温和的版本。

瑞奇·热维斯："这间屋子很大，我没办法一对一地交流。但如果是小屋子，我还是会继续无视你——安静点！"

亚瑟·史密斯："听着，你可以把大脑捐给科学事业，但是不是应该等死了再说？"

鲁弗斯·赫安德（对服务人员说）："可以给这位先生拿些蜡笔和纸吗？让他涂一会儿色。"

突然遇到起哄或插嘴的，最简单的办法就是重复。如果明显是个很愚蠢的问题，只要重复一次，停顿一下，观众自然会笑起来。重复有多重目的。首先最重要的是，你争取到了思考的时间。你可以用这段额外的时间思考如何机智而自然地接下去，回应对方的问题、评论或关注点。有时文字游戏会带来不少笑声。例如，一位观众问："你在演讲中提到关键数字是10%。可以再讲得清楚一些吗？她在报告里说是30%。"演讲人回答道："绵羊 ① 说是30%。怎么能相信绵羊的话呢？我强烈建

---

① 这里作者故意混淆了"她"（she）和"绵羊"（sheep）。

议你不要轻信绵羊的数据,尤其是在这样的商务活动当中。绵羊的数字感太差了:1,2,3,4,呼噜……它们就睡着了……哦,你是说'她'。对不起,我听错了。遇到比我聪明的观众真是很苦恼啊。"这里的道歉类似于上一章中杰夫指责观众"笑得太少",为了不冒犯观众,可以将它作为一个后备方案。虽然这样做会牺牲掉前一个笑话,但观众又回到了你这一边。你也可以轻易过渡到下一个问题。这完全取决于眼前这群观众的反应。随着登台次数的增加,你的判断能力会越来越强。

误解问题是很常见的现象,无论你是否要借题发挥,都要确保房间内所有人都能听清问题。重复一次。如果你需要更多的时间,还可以加一句:"这是个好问题。"时刻为自己争取思考的时间。不必急着给出答案。不必害怕沉默。沉默意味着观众正在听你讲话。

举例来说,一位书呆子样的脱口秀演员说:"我第一次做爱的经历非常糟糕。我的第一次——"

台下忽然有人起哄:"是昨天吗?"观众立刻哄笑起来。

台上的演员明显在努力找词,台下的笑声足足持续了29秒。最后,他对起哄的人说:"真高兴你还记得。"房间里爆发出更加剧烈的笑声,观众全都笑疯了。(观看地址:https://www.youtube.com/watch?v=54AW7V2O9xc)

不必着急回答。最好的答案和回击方式值得花些时间琢磨。

笑过之后才会开始凝神静听。

——杰弗里·吉特默

永远不要超时

表演超过规定时间很容易造成观众流失，脱口秀演员称之为"超时"。演员们对此非常重视。为什么？因为在这一行里，超时意味着这个场地永远不会再允许你登台。除非你是一线演员，否则没有俱乐部或场馆会容忍你。全美有五万多名脱口秀演员。随着时间的推移，大家都越讲越有趣。但不是所有人都能达到引发爆笑的一流水平。事实上，只有很少的人能做到这一点。但在练习的道路上，所有人都会学会这重要的一课：永远不要超时。

练习控制时间的能力，争取永远不超出分给自己的时间。如果没有时间限制，尽量给自己做个限制。这样才能强迫自己回过头来删掉不必要的词语和内容，做一个极简主义者。用最少的词获得最大的效果。

如果你的演讲时间是 10 分钟，就是与观众达成了不成文的协议。在他们看来，你要讲 10 分钟，那么自己可以在 10 分钟之外安排其他事，可以查一查工作邮件，去个卫生间，或是吃点午餐。超出规定时间后，你很难控制住大家的注意力。

同时要记住，你占用的是别人的时间，尤其是在繁忙的工作会议上，或是在演出当中。如果你超时了，总有人的时间会变短，那么他只能挤占下一个演讲人的时间，或是占用观众的午餐时间，这样做是交不到朋友的。**尊重其他人，按时结束。会有人向你抱怨讲得太少吗？你不想试试吗？永远都要给观众留下期待。**

如果你有一个不错的故事，用到了段子写作的结构，也面向观众测试过，那么你就能获得很多笑声。记得给观众留出笑的时间。同时要牢记自己的目标："紧凑的五分钟比松散的十五分钟好得多。"我们的目标是全程嗨，全程搞笑，全程完美。为了达到这个目的，最好把时间压缩得更加紧凑，不要放任自己絮絮叨叨。

如果你有幻灯片遥控器，可以设置一个震动提醒。如果没有，最靠谱的办法是安排一个闪光信号。也就是在观众席上安排一个朋友或组织人员，他们会朝你的方向打一下闪光，提醒你时间快要结束了。像 TED 这样的舞台会在角落安装倒计时器，但也有很多地方没有。安装计时器是很人性化的设计，很快会在各个舞台广泛使用。相信我，这些事我很了解。现在就要做好准备。

理想状况下，信号会在最后一两分钟时发出，你需要在接下来的时间里准备结束。打信号可以用智能手机、激光笔，或是让某个人朝你挥挥手。保证自己能看到信号。在接下来的一分多钟的时间里结束演讲。在这段时间中，可以把上一节讲到的元素穿插进来，比如与观众互动、应对现场，或是对突发事件进行回应。尽量在规定时间前一分钟讲完所有内容。

永远不要以问答作为结束

演讲结束后，主持人接过了话筒："有哪位观众要提问吗？"一段尴尬的沉默……"一个都没有吗？哦，这位先生举手了。"主持人热情地上前，像是渔民刚刚钓到一条大鱼。

"我只是打个哈欠。"

"哦，对不起……还有其他人吗？没有？没人吗？呃……好吧……那就这样。"这时，演讲人在一阵零星而困惑的掌声中灰溜溜下台。他们的演讲就这样结束了。但那些爆红的演讲从不会这样，观众充满了激情，气氛高昂，掌声雷动。绝不会这样安静。

演讲最终反应平淡，往往都是这个原因。如果你打算在演讲结束时留一个问答环节，一定要准备一张总结的幻灯片，最好有 3 个要点（这个数字又出现了）。讲到结尾处，你可以说："好，在正式结束之前，我打算回答几个问题。"让观众知道你还没有全部讲完，问答环节会更简短，这样当你结束时，观众心中也有数。观众心中有数，掌声才会集中。最后总结要点，观众记得会更牢固。结束的掌声足够热烈，视频效果也更好。

　　最后，确保自己得到了所有的掌声。停下来享受这一刻。等到掌声减弱时再开口，有时也可以不再开口。正如在 1998 年《宋飞传》"灼烧"这一集中，杰瑞对乔治说："演出是有技巧的，乔治。当你说完了最好笑的部分，说声再见，然后离开。"

练习：控制时间与表演

即将上场之前，你可以和观众聊聊天。记住你不是来演话剧的。努力吸引观众的注意力。如果观众觉得你会随时提到自己，他们会更关注你的表演。

通过练习，互动或应对现场的时候你会更加适应。分配台上时间时，试着留出至少一分钟的尝试时间。

练习在规定的时间内完成演讲。观察观众对哪些内容反应最激烈，给这些内容留下充足的时间，也留出互动或应对现场的时间。安排好提示灯光，训练自己在有限的剩余的时间内呈现出有力的结尾。一分钟的灯光，一分钟结束语；两分钟的灯光，两分钟结束语。了解自己的结束语需要多长时间。

以最快的速度把内容过一遍。大声讲出来，速度越快越好，这样才能确定每一个字词、每一个部分，防止在正式演讲时卡壳。

分解演讲稿，分段记录时长（例如介绍、概述、额外的细节、故事的元素、数据部分、经验教训以及总结要点）。熟悉了每个部分的时长后，表演才会更加精彩。如果其他演讲人超时，在最后关头挤占了你的时间，也可以迅速做出调整。相信我，总是会有这样的情况发生。

作为演员、脱口秀表演家和支持残疾人的慈善家，梅逊·扎伊德（May-soon Zayid）在 TED 上为我们呈现了一场爆笑而充满力量的演讲。可以去观摩一下，看看她用到了多少本书中提到的喜剧技巧。

第7章 合上书，没有结束——永远调试

> 结束并不是旋律的意义，尽管如此，没有结束的旋律
> 也是毫无意义的。
>
> ——弗里德里希·尼采（Friedrich Nietzsche）

不知是幸运还是不幸，2014年那个狂风大作的夏夜，我在旧金山的"飞蛾故事会"获得了冠军，这意味着我获得了参加全美大满贯决赛的资格，十位预赛冠军将在整整1400名观众面前竞演。这就是为什么本书的开篇我会站在那么大的舞台上，眼看就要把一切搞砸了。多数决赛选手都是经验丰富的舞台演员，但脱口秀演员的优势很明显：得分最高的四个故事也是最有趣的四个故事。四人中有三个脱口秀演员。人们喜欢听故事，但更爱听搞笑的故事。三位演员对笑点的把握，在舞台上的表现和表演都非常突出。他们之前练习过，知道笑点在哪里，知道每次都要给观众留出领会的时间。这里的所说的"他们"也包括我在内。

像往常一样，候场的我心跳比平时快了许多。掌心开始不受控制地出汗。但有了一年公众演讲的经历，现在的我已经不同了，我知道这完全是正常现象（除去那些搞砸的时候）。我要做一件很棒、很酷的事，一件多数人都要劝我考虑再三的事。故事的要点已经装进了记忆宫殿，我知道这次上台不会头脑空白。这个故事我曾经讲过，就在喜剧俱乐部里，在一群注意力不算集中，对笑话又异常渴望的观众身上获得了不错的反响。我也给朋友和家人讲过，他们都很喜欢。我知道人们会在哪里笑起来，知道如何控制时间，我还会留出即兴发挥的时间，内容会更加有趣。这是我的故事，我比任何人都熟悉。它曾经是比鲨鱼、牙医、蜘蛛和继母加在一起更恐怖的事，现在我已经能够掌控住了。我的神经已经足够强悍，抵挡得住观众的凝视与期待的目光。

我讲的是我妈妈的故事，她是一位保守的爱尔兰妇女，很少出门旅行，在我受重伤的时候跑到旧金山来照顾我。这个城市着实对她产生了不小的影响。离开的时候她穿上了露露柠檬牌瑜伽裤，还带走了一堆不那么保守的新习惯。虽然我们是血亲，但已经分居两地多年，如今才再次亲近了起来，这一点是她离开后用一条蓝色的信息告诉我的——用她的新 iPhone："大卫，虽然我们是母子，但现在我觉得我们是朋友了。"

我的故事大受欢迎，后面只剩一位选手，我的分数超过了前八位，排名第一。接下来要看她能否超越我，我能否保持第一名的成绩。

我输了。那天晚上，最后一名飞蛾大满贯的参赛选手讲得非常出色，以微弱的优势超过我，我获得了亚军。我知道……你以为我赢了。老实说，我本也这么认为。总要有个胜利作为结束吧？我也喜欢大获全胜的结局，但我知道自己没有什么损失。事实上，小小的遗憾总会带来更大的收获，这一点你总会明白。

莱恩后来怎么样了？就是那个表演出色的喜剧演员，又是呕吐又是啃比萨，最后带着一身荣光离开的那个家伙。老实说，我不知道，如果我知道，现在就是告诉你的时候了。

脱口秀演员会使用首尾呼应的技巧。在结尾处重提开篇的段子和故事。这样的表演方式会给人带来一种完整感和对称感。不仅他们会用这个技巧，优秀的写手、电影制作人和演讲人都会用这一招。四处都能找到这样的例子。它迎合了我们天生的好奇心，以及对完整的追求。

首尾呼应的技巧适用于各类素材，它是构成好演讲的重要元素。你可以把观众吸引过来，让他们沉浸在故事里直到结束。最有力的结尾莫过于能让观众感知到的结尾。故事给出了提示，他们知道该在何时鼓掌。这就是首尾呼应的实质。确保结尾自然，内容井然有序，牢牢抓住观众的注意力，直到你已经做好了结束话题的准备。由一个故事开始，由同一个故事结束（或是在结尾处再提一次）。如果你是商务演讲或其他演讲人，可以在结尾处再提一次开头的个人故事。这样故事的开头和结尾就能联系在一起了。

在第一个幽默习惯中，我们学会了编一个好故事，也就是知道在哪里吸引观众的注意力。创作时把笑点牢记在心中，首尾连接会更加顺畅。无论你使用了怎样的结尾技巧，记住，如果有机会，调动起体内所有的幽默细胞，发出清晰的信号，在结尾处唤起最热烈的掌声。

你应当用最好的段子或故事做结尾，给人一种自然结束的感觉。记住，不只是喜剧表演会这样做。可以看看其他人的例子，马丁·路德·金、史蒂夫·乔布斯以及西蒙·斯涅克都做得很好，有人做了清晰的总结，有人重申了自己的观点，有人抛出笑料，有人说自己"还有一件事"。

在本书的开篇，我已经解释了自己为什么会站在卡斯特罗戏院的舞台上，面对 1400 双期待的眼睛。接下来我要告诉你我的朋友阿拉什的故事，以及为什么那天晚上输掉的比赛不值一提。

交织的两个故事

从事喜剧表演的这一年，我比过去通勤的生活多了不少空

闲时间。每隔一周我会开车送阿拉什去物理治疗中心。这是我
见过最励志的地方。每个人都全身心投入康复治疗当中，每天
都在挑战自己的极限，他们花费无数的时间顽强地追求一个目
标：恢复到曾经的状态。其中很多人都已经被自己的保险公司
抛弃，康复的概率很渺茫，但他们仍不肯放弃。其中有很多人
像阿拉什一样，需要依靠朋友筹集的善款维持治疗。劳拉是阿
拉什从小一起长大的朋友，我们都想知道，其他脊髓损伤（SCI）
的幸存者过得怎样？他们是否会遇到同样的困境？多少幸存者
看不到康复的希望？多少人像阿拉什一样，连轮椅这样的基础
必需品也要自费购买，保险不能覆盖？他们有怎样的经历，面
对人生的转变他们是怎样做的？

　　为了寻找答案，我们花了几个月调查收集资料。我们找到
一些媒体朋友，希望能获得更广阔的视野。但结果令人震惊而
沮丧，没有任何媒体或记者对此感兴趣。但我们知道必须要把
这个故事讲出来，仅靠数字是不行的。

　　在公众演讲和故事会锻炼近一年后，我开始意识到许多人
在错误的方向前进了100英里：要讲别人的故事，你必须先讲
自己的故事。数字是故事的提炼，但它不鲜活，没有色彩，无
法抓住观众的注意力。与其通过他人之口，阿拉什应当自己来
讲自己的故事。

　　我做得最成功的事，是用所学知识帮阿拉什打磨出一篇

讲稿。他的第一批观众是三百名首席执行官，同台的是最知名的演讲人，如作家兼苹果前首席宣传官盖伊·川崎（Guy Kawasaki）。阿拉什以最简短、实际的方式讲述了自己的故事，在适当的地方停顿，用好"3"的法则，对前面的内容进行扣题，并在首尾呼应中强有力地传递出一个观念：生命就是在实现远大目标的征途上，不忘庆祝每一个小小的成就，他称之为"微小的一大步"，虽然他自己还未能起身行走。最后，他展示了一些医生认为他再也做不到的事：暂时甩掉他痛恨的轮椅，凭双脚站立几分钟，来到深蓝色的太浩湖边，在古老的木质码头上向自己美丽的女朋友求婚。不幸的是，她拒绝了……开个玩笑，当然她会答应了。"微小的一大步"，他重复道，随后致谢下台，观众全体起立，掌声持续了二十秒钟。

《福布斯》杂志报道了他在第二次演讲时用到的记忆宫殿技巧，这是我从脱口秀朋友查德·萨瓦特那里学来的，他让寿司师傅和戴着墨西哥草帽的克利须那神鲜活了起来。受到环境的激励，第三次阿拉什会在更高水平的地方演讲。

为什么我要讲这些？我听到你在说："这和搞笑的公众演讲毫无关系。"你说得没错，但只说对了一半。不是所有故事都要搞笑。一些原始的、亲身经历的、充满情感的故事常常有着惊人的力量，能够改变他人的生活。对你这个讲述者来说，只是讲了一个故事……就像我站在硬木制成的大戏台上，面对 1400

名观众所做的那样。但对于倾听者，你分享的经历中的某些东西或者产生魔力的瞬间可能会改变他们的生活。可能你记不住那 1400 名观众，但如果你能用好脱口秀演员熟知的技巧，无论台下有 4 个人还是 1400 个人，他们都会记住你。

严肃的故事不适合搞笑？

阿拉什的故事明显严肃而有力度，你也许认为这样的故事不适用于搞笑。但情况正好相反，正如我的同胞，来自爱尔兰的马克·波洛克（Mark Pollock）所做的那样。他摇着轮椅登上 TEDx 好莱坞的舞台，开篇直接说道："女士们，先生们，我有不少问题。我瘫了。我瞎了。我秃了。我从北爱尔兰来。我有不少问题。这点毫无疑问。相信在座的有些人也是一样。"马克用一些严肃、悲伤且毫不相关的话题引发了观众的共鸣。在气氛高度紧张的时刻，笑声是最好的解压阀。梅逊·扎伊德用同样的结构在 TED 演讲中获得了不错的效果。谈到自己的脑瘫的问题时，她说："我有 99 个麻烦，脑瘫只是其中之一。如果世界上有遭受迫害的奥林匹克竞赛，我肯定拿金牌。我是巴勒斯坦人，是穆斯林，我是女性，是残疾人……我住在新泽西。"在旧金山历史悠久的基立剧院（Geary Theater），安雅·里默（Anya Rymer）作为一名作家、摄影师和冒险家登上"飞蛾故事会"的主舞台，向一千多名观众讲述了自己抗击艾滋病的起起伏伏的经历："当时我只剩 8 个 T 细胞了，我称它们为'脱线家族[①]'。"

真正的胜利

故事会决赛一周后，TEDx 一位有名的项目策划人看了表演并与我联系，问我是否愿意参加他们下次的活动。就像命中注定一般，我有一位值得推荐的朋友，我知道他会有很好的表现。他有个很励志的故事，等待向他人讲述。我把阿拉什第一次演讲的链接发给策划人，他立刻就将他预定了下来。早秋一个狂风大作的夜晚，阿拉什在加利福尼亚马林县的 TEDx 舞台上，面向 600 名观众讲述自己的故事。他是最后一个讲者，在观众再次起立热烈鼓掌时，我正在后台急切地观望着，这次掌声持续了 50 秒。他再次在不能起身行走的情况下，向观众强调了"微小的一大步"有多么重要。

人们总说故事是有力量的，但我那一晚学到了其他东西：

---

① 20 世纪 70 年代曾在美国风靡一时的情景喜剧。

与其讲别人的故事，不如从自己的故事讲起。没有人比你更有资格讲述你自己，没有人比你更清楚发生了什么事。当你合上书，开始像阿拉什一样讲述自己的故事，只需要说一句"谢谢"。至于"你做得真棒""感谢邀请我""很高兴到这里来""这是我的舞台"，这一切都不再重要（可在此处观看阿拉什的演讲：https://www.youtube.com/watch?v=5mBw2XbdCrY。也可以在此处听到我的故事：http://www.7comedyhabits.com/book-resources，同时看到本书中关于讲故事与幽默技巧的分解应用）。

在合上书讲自己的故事之前，我们最后来看看评估的步骤。

审视内容的表现力

职业脱口秀演员会坚持评估每场表演，他们会想办法从优秀到非常优秀，从非常优秀到卓越，你也应当这样做。即便表演水平已经非常之高，比如达到杰瑞·宋飞的水平，他们依然会坚持训练。我从没听他们说："好了，我已经很棒了，不需要再准备了。"他们总是在找机会改进，不断进步。他们需要对每场表演都满意，但永不满足。这就是永远调试的含义，永远有改进的空间，这是一名成功演讲人应有的眼界。

新晋脱口秀演员第一年大约能写出 5 到 8 分钟过硬的素材。我们所说的过硬素材，指的是能让人不断发笑的内容。这里再次强调，我们所需要的不过其中的一部分。为了讲好我们的内容，只需插入几个关键的笑料和搞笑故事就足够了。

评估测试

　　托马斯·爱迪生为了给新发明的电灯泡寻找灯丝，测试了6000 种植物才最终找到了竹子。我们从中学到了什么？你需要测试！

　　为了达成这个目标，我们将借用朱迪·卡特（Judy Carter）所著《喜剧圣经》（*The Comedy Bible*）中的打分系统，为每场表演进行持续评估。运用这套系统，我们将对每个段子每分钟的笑声进行统计。会这样评分：

- ·所有人大笑且鼓掌，记 5 分
- ·有笑声和零星的掌声，记 4 分
- ·有笑声无掌声，记 3 分
- ·中等笑声，记 2 分
- ·笑声很少，记 1 分

　　我们可以用这套系统排除个人偏见（例如，某个我们很爱讲的段子或故事，其实每次反响都不好）。演讲内容永远处在调试的状态，我们希望用这个系统筛选出最好的段子，无论面对怎样的观众，它每次都奏效。

　　我用它来评估故事，结果引发了很大的转变。经常会出现我自认为不错的内容反被不怎么看好的段子超过的情况。数字不会说谎。

萨米·奥贝德（Sammy Obeid）是有史以来第一个连续表演 1000 天（1001 个晚上）的喜剧演员，他在 2013 年 9 月创造了这项纪录，超越了自己在柯南秀上的演出次数（参见 https://www.youtube.com/watch?v=W2m7THG44tM）。最近我有幸在旧金山的科布脱口秀俱乐部与他同台表演。萨米一直是目标导向的完美主义者。在加州大学伯克利分校学习应用数学和工商管理专业时，他就获得了 3.9 的平均绩点，涉足喜剧表演领域后，他同样以这样的标准严格要求自己。

萨米说："写段子是系统化的工作。想要整句话成立，该在这里填什么词？"和前面朱迪的系统类似，萨米会把段子从 D 到 A+ 进行打分。"B 类会慢慢成为 A 类，最后会升为 A+，我有好几次这样的经历。我现在有很多最好的段子最初都是 B 类，后来我不断添加、润色、修改结构，现在它们都变成 A+ 了。我认为只要用对方法，所有 B 类都能变成 A 类。好好修改你的 B 类，找一些压力不大的场合试验，观众不要太多，如果观众人数比较多但气氛较为宽容也可以。同时准备好补救措施。把 A 类和 B 类穿插起来这招我已经用很久了，所以我可以再冒一点险。我会把 C 类穿插进 B 类里，如果观众反应不好再抛出 A 类。

"你怎么知道一个段子是 B 类、A 类还是 C 类呢？这取决于你的标准。对我来说，A 类在多数情况下会有爆炸效果，B 类也有笑声，但不会有爆炸效果。C 类听起来搞笑，但并没有太多笑声。D 类最差。"

在生活中，我们看到的搞笑内容基本都已经过反复测试。其中包括了电影、广告和脱口秀。它们经过了多次结构调整，往往万无一失。记住了这一点，我们就要重新审视自己的段子和故事，逐一分类打分了。每次演讲后都要做这项工作，不要只做一次。我们要把整体次数相加，除以登台的总时间。这样就得出了每分钟笑声（LPM）分数。作为参考值，分值在 12~20 之间是优秀脱口秀演员的标准；9~12 之间的已经可以拿到报酬了，但铺垫部分还要缩减。完成这一步后，笑点之前的字数会减少（简洁能带来轻松感）。记住，这是专业脱口秀演员的标准，这里所有人都在竭尽全力地搞笑。对商务演讲来说 4~9 分就很不错，只要在 0 分之上，你就比大多数演讲人都搞笑了，因为大多数人一点都不搞笑！

如果用这套评分系统分析肯·罗宾逊在 TED 上播放次数最多的演讲，我们会得到（或多或少掺杂了些个人因素）7 分，这个分数足以与脱口秀演员匹敌。如果不以笑声的剧烈程度做加权平均，只计算笑的次数，可以得到（或多或少掺杂了些个人数学不好的因素）每分钟笑 2.8 次的结果。比较来看，《福布斯》杂志在报道这套算法时刊登了英国视频流媒体服务商爱电影（Lovefilm）的数据，以下是有史以来最搞笑的电影。重要的一点是，这份数据并未统计笑的剧烈程度，只统计了频率。

排名	名称	每分钟的笑声
1	《空前绝后满天飞》	3
2	《宿醉》	2.4
3	《白头神探》	2.3
4	《男孩不坏》	1.9
5	《波拉特》	1.7
6	《王牌播音员》	1.6
7	《美国派》	1.5
8	《伴娘》	1.4
9	《僵尸肖恩》	1.3
10	《蒙提·派森之布莱恩的一生》	1.2

　　从每分钟的笑声来看，肯的演讲比《宿醉》更搞笑，而且还更富有知识性！把笑声和充满洞见和启发性的信息结合在一起，我们获得了一个非常强大的产物。你还会奇怪我们为什么喜欢它吗？而肯的例子并不是个例。

我写作本书期间 10 个最受欢迎的 TED 演讲（注意，不是最搞笑的 10 个演讲）

排名	名称	每分钟的笑声
1	肯·罗宾逊（Ken Robinson）：《学校扼杀了我们的创造力？》	2.8
2	艾米·卡迪（Amy Cuddy）：《肢体语言塑造你自己》	0.9
3	西蒙·斯涅克（Simon Sinek）：《伟大的领导者如何激发购买力》	0.27
4	布琳·布朗（Brené Brown）：《脆弱的力量》	2.1
5	吉尔·伯特·泰勒（Jill Bolte Taylor）：《我的中风洞见》	1.1
6	普拉纳夫·米斯特里（Pranav Mistry）：《谈"第六感官"技术的惊异潜力》	0.44
7	玛丽·罗奇（Mary Roach）：《关于性高潮的十个秘密》	3.4
8	托尼·罗宾斯（Tony Robbins）：《我们为什么从事自己的职业》	1.3
9	丹·平克（Dan Pink）：《动机之谜》	0.82
10	大卫·盖洛（David Gallo）：《海底惊奇》	1.1
(17)	肖恩·安克尔（Shawn Achor）：《改善工作的快乐之道（个人最爱）》	2.9

　　玛丽·罗奇的关于性高潮的演讲比史上最搞笑的电影还要搞笑（给男性的提示：如果你还没看过罗奇的演讲，当别人问

起这件事，一定要热情地点头假装看过。甚至还要附和着称赞一下）。由一位研究员演说的《脆弱的力量》也获得了很多笑声，仅排在史上最搞笑的三部电影之后。艾米·卡迪的《肢体语言塑造你自己》与电影《布莱恩的一生》相差不远，后者是1979年的英国经典喜剧电影，是由一个喜剧小组创作完成的。是的，我承认这些数据不够集中，仅仅是为了幽默一下，它没有考虑时长不同的问题，也没有把笑的剧烈程度囊括在内（确实电影会引发更剧烈的笑声），但观点已经很明显了。顶级的 TED 演讲人把幽默用得非常好。

新的前5名（当好莱坞与TED相遇）

排名	名称	每分钟的笑声
1	玛丽·罗奇：《关于性高潮的十个秘密》	3.4
2	空前绝后满天飞：《疯子在飞机上会做什么》	3
3	肖恩·安克尔：《改善工作的快乐之道》	2.9
4	肯·罗宾逊：《学校扼杀了我们的创造力？》	2.8
5	宿醉：《那些醉鬼做出的古怪事情》	2.4

期待 TED 拍成电影：这个患有注意缺陷障碍的国家若想长些知识，首先要有一群明星演讲人。快去附近的电影院看看吧！

多数商务演讲人都特别无聊，所以只要加几个小故事，赢得一点笑声，你的演讲就会像顶尖的 TED 演讲那样脱颖而出。高频的笑声就意味着一场有趣且吸引人的演讲。

在研究了大量公众演讲后，你会迅速将那些无论何时何地都会奏效的段子、故事和套路识别出来。我们的目标始终是 3 分（B 类）、4 分（A 类）和 5 分（A+ 类）的段子。其他段子就丢到一旁吧。举例来说，如果你的段子是 3 分，就需要继续打磨。其中确实有搞笑的部分，但你还没有让它发挥出最大功效。如果有 4 分、5 分的段子，说明它确实不错，可以放到演讲当中了，因为他们每次都会获得很好的反馈。把系统建好。肯·罗宾逊、玛丽·罗奇和萨米·奥贝德这样顶尖的高手都是这样做的。

记住，要不断评估自己的练习和表演，总有改进的空间。版本永远在调试。合上书，对自己的表现要永不满足。

另外，如果你碰巧遇到了很像莱恩的人，一定记得告诉我。

练习：评估与永久调试

看一看 TED 演讲：肖恩·安克尔的《改善工作的快乐之道》（http://www.ted.com/talks/shawn_achor_the_happy_secret_to_better_work?language=en）。这是我个人最爱，此外肯·罗宾逊也在好故事、好段子方面做出了很好的示范。用评分系统计算一下，感受整个过程，算出每分钟的笑声。注意他的开场故事，这部分在整篇演讲中占据了 20% 的时间。

回来对自己的段子进行评估。这一步会帮助你弄清楚你希望展示的内容在实践中能否奏效。无论是讲给朋友、家人还是同事，或是在喜剧俱乐部和会议上讲述，都需要评估。

把演讲内容按顺序排好，在旁边写下用到的笑话和故事，并且打分。

观察哪部分反应最强烈。还可以用这种方法观察观众的兴趣程度。哪部分容易让人产生疑问，哪部分让观众失去兴趣，准备离场。

找到始终排在第一名的段子。

找到按一定顺序排列效果良好，或是能够成功扣题的段子和故事。

重点关注那些在嘈杂的场合也能得到 3 分、4 分或 5 分的段子，或是面对难以取悦的观众也能获得笑声的段子。这里所说的观众是真实的观众，如果你还没准备好登台，也不必担心。可以用这个系统评估朋友、同事和陌生人听到故事的反应。

你会发现分数最高的内容一定遵循了段子的写作结构，语言一定非常精练。

在开头和结尾尝试把段子按不同顺序排列。

试着把这些内容添加到合适的位置上。

留意整理最吸引人的故事、最好的开场段子以及最好的结尾段子。

第8章　结　语

人们寻求刺激，渴望奇观，热爱娱乐。

——保罗·斯坦利

如今，演讲人面临着史无前例的挑战。干扰、铃声和震动成为我们文化注意力缺失的标志。人们要求演讲人变成艺人，要求艺人更具娱乐性。那些能抓住注意力的人更容易掌控注意力。顶级演讲人已经开始使用一种对人类来说最有效的工具，那就是笑。在内心深处，你知道能在选定的位置把观众逗笑，身体才会更加放松，除此之外，你还能更加出众。

无聊的演讲已经够多了，不要再增加一个了。永远不要随波逐流。看看少数成功的人在做什么，向他们学习。在本书中我的观点是：多数成功的演讲人都在讲笑话、讲故事、做即兴表演，虽然很多人都没有意识到。这种意识能为你节省宝贵的时间，用20%的投入获得80%的成果。

詹姆斯·阿尔图切尔说90%的成功都需要展示，所以开始迈出第一步吧。享受其中，尽情游戏，开拓思维。如果你玩得开心，观众也会感同身受。

段子诞生在喜剧舞台上，但在 TED 演讲中同样适用。我希望你也能来与大家分享，无论目标是大是小。如果你也像我一样害怕公众演讲，别担心，整个过程会逐渐趋于可控。只要有了足够的舞台时间，你会变得更加自如。等到习惯养成后，"颤抖的史蒂文斯"便会消失了。

你不可能总是获得所有观众的青睐。前职业排球选手、《体育画报》模特、冲浪之神莱尔德·汉密尔顿（Laird Hamilton）的妻子加布里艾尔·瑞丝（Gabrielle Reece）就曾对此发表过至理名言。当有人问起她如何应对职业压力时，她说："人的一生总有 30% 的人爱你，30% 的人恨你，30% 的人压根不在乎你。"虽然不知道剩下的 10% 去哪儿了，但这个观点非常正确。不必奋力取悦所有人。你并不需要所有观众都称赞，30% 就足够了。笑是会传染的。只要给出足够的时间，它会迅速开始蔓延。生活中有 10% 的不可抗力因素，但还有 90% 的努力空间。在表达时加些幽默元素吧。

最初，我是为了给阿拉什的脊髓损伤筹集资金而迈进了喜剧领域。如今，每个季度都会有顶尖的脱口秀艺人和本地社区举办活动，致力于筹集善款，唤起人们对脊髓损伤康复人群的关注。阿拉什的医生曾告诉他，他再也不能走路，但现在他已经快能凭双脚长时间站立了。在本书写作之时，我们已经为脊髓损伤患者筹集了 3.4 万美金，虽然只是沧海一粟，但足以带来改变。作为主持人，我为难的情绪已经基本消失了。为什么在主持晚会的时候，我不像以往那样紧张了呢？因为我有准备，做了练习，投入了大量的舞台时间。运用本书中提到的技巧，我把那些屡试不爽的故事组合在一起，观众肯定会笑出来。你也应当这样，而且很快就能做得到。

在这个过程中我遇到了很多商务人士，他们都在为创造出好的演讲内容、文字内容或营销材料而挣扎。想要内容爆红没有魔法，但商务世界明显也在向有趣的内容、故事和段子倾斜。

也许我生来就是为了解决这个问题，作为商务界与喜剧界的桥梁，我成立了"幽默传播讨论会"（FunnyBizz Conferences，http://funnybizz.co/funnybizz-conference）。所有演讲人都来自商务界、TED 演讲和喜剧界，他们讲得都非常搞笑。这些人往往都有脱口秀、即兴表演和故事会的背景，或是从心底喜爱幽默。演讲时间有限，大家也没有幻灯片。就像脱口秀表演那样，我们追求的是虎头豹尾的效果。台上放着一个表，但没人超时（好吧，只是多数人都不超时，毕竟积习难改）。讨论会很酷，和我之前参加的都不一样。我猜关键点在于：看到了别人都在做什么，但不随波逐流。相信下面这段宣传语你们也会同意，连我自己看到都会有参加的冲动：

多数会议都像是在一碗熟悉的麦片里舒适地游泳。这个会议更像是穿着斗篷去跳楼。"幽默传播"不仅为你提供经验总结和行动指南，更是对大脑模式的一次转变。如果一年只参加一次会议，你应该来这里。

正如那次慈善募捐晚会，如今我对于自己主持大型会议的能力非常有信心，再也不会因为害怕失败而颤抖不已，无论情况有多糟糕，甚至已经"屎"到临头——确实是字面意思。

在最近一次纽约的活动中，我们突然没有厕所手纸了。主办方需要提供此类基础物资，但在大型活动中这种现象很常见。大家厕所去得太多、太快。在当天，大家去得更快，因为中午的自助餐供应了美味的墨西哥餐，酒水也完全免费。这两项加在一起可不太好受。

我们该怎么办？就像脱口秀演员那样，就像顶尖的演讲人那样，就像比兹·斯通在推特所做那样，我们坦率地承认了这个问题，缓解了观众情绪："真诚地向各位道歉。我们本是来讨论幽默的，但可能有点做过头了。给大家准备墨西哥餐，酒水免费，藏起手纸。这一点都不好笑，一点都不。"（注意此处"3"的法则以及笑话的结构：铺垫—抖包袱—连续笑点。）事故以一种积极的方式化解了，带有幽默的性质，也意味着这是我们最后一次抱怨这件事。

在写这段话的时候，我正在堪萨斯市的爱尔兰文化节上，和一群爱尔兰顶级音乐家及9万名观众共同度过了漫长的劳动节周末。我在堪萨斯市图书馆给300名观众做了演讲，在人山人海的剧场里与一位爱尔兰顶尖幽默大师同台表演了脱口秀，接受了全国公共广播电台的采访，参加了一档电视脱口秀的试播集录制，在一场即兴音乐演奏会的走廊里坐到凌晨，期间还短暂地瞥到了摇滚明星的生活方式——在中午炎热的日照下，一位汗流浃背的歌手抓起豪华酒店屋顶游泳池边上的急救电话，让服务员立刻送一瓶啤酒上来，因为他马上就要……口渴而死了。

这一切都是怎么发生的，我也不清楚，但我知道一切都起源于我开始克服自身的恐惧。可能我并不会把脱口秀和故事会一直做下去。和大多数人一样，我发现了商务领域对幽默的需求，现在我和你一样，找到了将两者结合起来的方法。比起剧院的脱口秀表演，我更喜欢在堪萨斯市图书馆做演讲。为什么？因为我不仅是在逗他们笑，还给了他们行动的指南。我包裹在故事里的东西，不仅能长久地改变听众的生活，还能影响到更多的人。

如今公众演讲强迫你变成了演员，你的快乐常常被观众的快乐左右。那么把它变成一种快乐和知识的交换好了，当然，没有问题，你会做得很棒。

　　在写作的此时此刻，我在加利福尼亚的家正处在干涸期。但我想讲的是另一种干涸：笑的干涸。婴儿平均每天笑 300 次，35 岁以上的成年人每天平均只笑 15 次！可以这样说，只要你能帮助人们将失去的笑找回来一部分，就可以自封为英雄。虽然新技巧会缩短登台的时间，但只要与实际内容和观点结合在一起，你就能打造出一个难忘而幽默的故事，这颗星星会燃烧得更亮更久。我真的希望你能成功。让我们行动起来，用每一次演讲对抗无聊！世界正等待着你的幽默故事。只有你有资格来讲述，你永远不会知道那一刻会发生什么。

　　只要有可能，就加些幽默进来。我们都希望它越多越好。

7 个幽默习惯

从讲故事开始

增加幽默元素——找段子

段子写作

台上一分钟，台下十年功

表演——虎头豹尾

掌控听众

合上书，没有结束——永远调试

更多资料

卡斯特罗戏院举办的"飞蛾故事会"总决赛结束的 6 个月后，我遇到了当晚获胜的女选手。她击败了三名脱口秀演员，我问她接受了什么训练，她向我展示了一本很有用的书，而且在自己的智能手机上做了笔记。书中列出了七条幽默习惯，而且字句都特别眼熟。它就是你现在读到的这本，只不过是更早期的版本。这种讽刺感不禁让我咧嘴大笑起来。

在飞蛾之外，我会用各式各样的艺名参加脱口秀和故事会，最常用的是"爱尔兰戴夫"。据我所知，还有另一位演员也用过这个名字，那就是深受观众爱戴并获得巨大成功的戴夫·艾伦（Dave Allen），他在 2005 年去世了。有趣的是，他出生在斐豪斯（Firhouse），和在都柏林长大的我是邻居，这是我开启整个旅程几个月后才发现的。

我没有向任何人保证自己会一直做下去，因为我的目标不是成为著名的脱口秀演员，也不是成为有些知名度的脱口秀演员，甚至根本不是成为脱口秀演员，现在依然如此。我的目的是克服自己的恐惧。因此你只能在（希望是！）下面的链接处找到我的视频案例。我只想和读者分享这些视频，因为你知道我的故事。如果你能保证不在网络上再次分享，我会非常感激。在这里你会看到书中描述的大部分案例、额外的图书资源、辅助图片以及延伸阅读的内容：7comedyhabits.com/book-resources。

我没有把所有内容和案例都放进来。我希望这本书足够简洁。相信我，作为爱尔兰人，我想说的话还有很多，但我克制住了自己，毕竟简洁才能带来轻松感。

图书的生死取决于评论，对我这样的新手作者来说，尤其如此。如果你喜欢这本书，希望你能花 30 秒的时间留下自己的看法，哪怕是一句"书好，我喜欢"，我也会非常感激。当然你也可以更有创意、更有深度，甚至是（现在你知道方法了）更搞笑！万分感谢你花时间读了我的书。老实说，我觉得自己怀孕的概率都比写完一本书的概率要高，你能读完它，我确实是受宠若惊。

最后，我想对那些给无聊内容添加趣味的人说：谢谢你们读了这本书！放手去做吧。世界需要更多你这样的人。如果在过程中你需要帮助，去向脱口秀演员咨询。他们是真正的高手。

窍门清单

写到这里，大多数书都会有一个参考清单，但这样做比较无聊。我想在这里把书中的窍门总结一下，在这个过程中我遇到了很多经过一万小时练习的脱口秀演员，从他们身上吸取到了许多智慧，因此还会有所添加。以下 80 个窍门能在下次公众演讲之前帮你复习幽默的技巧。

1. 挖掘你自己的真实经历

艾伦·魏斯说："关于个人故事的笑话最安全，因为它们是原创的，没人听过，练习打磨后能展现出高度个性化的风格。"

2. 谈论自己喜欢的事物

选择那些给同事、朋友和家人讲过的故事。把它们放到演讲当中。如果你对自己讲的完全不感兴趣，别人也不会感兴趣。把这个句子补充完整：（你的名字）总是说起……

3. 找到每个故事的关键点

有趣的奇闻逸事在哪里？删去不必要的词汇，把故事重新讲一遍，注意遵循以下原则：三行以内没有笑点就要删减。

4. 尽快讲到搞笑的部分

英国脱口秀演员吉米·卡尔（Jimmy Carr）说："段子写作并不是真的写作，而更像是编辑。它关注的是你不说什么。怎样能用最精简的文字尽快抵达笑点呢？"

5. 回忆失败和第一次

戴伦·拉克洛斯说："很多人都请我帮忙，他们想写一篇搞笑的演讲。他们不知道好玩的东西是'在哪里找到的'。我建议大家先去照照镜子！先想想自己经历过哪些失败和第一次。第一次我们总会做错事。观众很欣赏谦虚和直爽。"

6. 与痛苦嬉戏

查理·卓别林说："想要尽情地欢笑，你必须能够直面自己的痛苦，并和它嬉戏。"他指的可能不是观众的痛点，但道理相同。

7. 倾听和重复

帕特·哈泽尔说："很多有趣的事都发生在日常生活中，这些原创的内容都可以作为幽默元素用在故事和演讲中。万圣节后我听到孩子们交换糖果的对话，那真是价值谈判的绝佳案例。

大儿子塔克（Tucker）说：'我讨厌黑巧克力！'他弟弟回答：'那也是糖，你不能反悔。'我逐字逐句引用了这段对话，因为它是如此纯粹和直接。"

8. 给有趣的故事建档

当你开始做笔记，观察周围的生活的时候，你会发现幽默无处不在。每当你想到了好玩的事或是发现了一些觉得有用的东西，一定要写下来。如果有智能手机，可以在印象笔记这样的应用上记下来，也可以带着便笺本和笔。你会惊讶于自己遗忘的速度。

9. 遵循"3"的法则

在组织结构时可以运用这一法则处理信息。我们都是运用意群进行创作的好手。而"3"则是组建起一个意群的最小单位。通过对意群和精练原则的应用，最终可以达到令观众难忘的效果。

10. 把故事填进笑话的结构里

注意"3"的法则：

1. 介绍／铺垫：以印象深刻的方式介绍主题，"简洁能带来轻松感"。笑点前面的内容不要超过三行。

2. 抖包袱：你的故事中重点搞笑的部分。尽量对结尾做出预计。好的段子总是能在最好笑的地方戛然而止。

3. 连续笑点（自选项目）：接在前面一个段子之后的另一个段子或评论。

11. 让火车脱轨

抖包袱击碎的是有意构建起来的兴趣和期待。根据职业幽默大师约翰·金帝的观点："笑点有时就像火车脱轨。你知道列车（思绪的列车）从哪儿来，你以为自己知道它要开到哪里去，但它居然就脱轨了。"

12. 笑话就是：1，2……4！

拉吉夫·萨提亚（Rajiv Satyal）说："你看我像是套用某种模式，但在结束前我突然把套路打破了。在这个例子里，你以为我在数数，但当你听到'4'的时候，才发现数字是成倍叠加的。回味起来也讲得通（但不要变成1，2……7！这就变成随机了）。段子因意外元素而奏效。商务演讲中有一部分内容人们已经知道了（1,2……3！），还有一部分内容让人摸不着头脑（1，2……7！）要给观众一些既难忘又搞笑的东西。"

13. 迅速把观众逗笑

房间里总会有一种紧张情绪，观众希望更多地了解你，这样才能决定是否要听下去。迅速把观众逗笑是缓解这种情绪的好方法。

14. 准备开场段子

百米短跑运动员都知道，起跑不好是很难赢得比赛的。同样的，演讲的前 30 秒决定了整篇演讲的命运。一定要开好头，否则就会像起跑慢了拖后腿一样。要着重练习这 30 秒的内容。

15. 承认显而易见的事

如果你已经紧张得溢于言表，衬衫上出现了潮湿的汗渍，或是你在外表上有什么不同之处——那些观众第一眼就注意到的不同——现在就讲出来，观众一笑就过去了。喜剧界把承认显而易见的事叫作"应对现场"。也就是讲出屋里正在发生什么，人们可能在想什么。

16. 有趣不是滑稽

安德鲁·塔温说："大笑是一种幽默，微笑又是另一种幽默。从一开始就专注于有趣的事，而不是滑稽的事。"

17. 接受酒吧测试

酒吧和会议室不同，这里更友善，是社交的场所。这里的人更欢迎短小精悍的故事。这就是为什么 IDEO 设计公司营销总监兼羞愧故事会联合创作人安妮特·费拉拉让设计师"接受酒吧测试"。和同事到酒吧去，或是想象自己已经到了酒吧，如果故事需要画图就画在餐巾纸上。让对方把故事重复一遍，看看哪些容易记住，哪些不容易记住。修改后再试一次。

> 幽默感是面对生活和工作的一种态度。它是一种能够习得的能力。

> ——珍妮·罗伯逊

18. 利用紧张感

扎赫拉·努巴克斯（Zahra Noorbakhsh）说："有紧张感存在，包袱才能落地。紧张感让人们希望看到问题（无论是大是小）有没有得到解决。如果你能分辨出是什么让观众不安、焦虑或不适，那么就可以找到能让他们冷静下来的段子。"

19. 打岔的艺术

科迪·伍兹（Cody Woods）说："与脱口秀表演相比，商务演讲有一点很美妙，观众更容易被搞笑的内容岔走。多数演讲都太无聊了，他们的期望值非常低。利用好这个优势。"

20. 把好笑的词放在句子结尾

马特·克什说："比如，猫是句子中出人意料的笑点或转折点，那么不要说'猫在盒子里'，而是'盒子里有猫'。这样等你安静下来后，观众才会笑起来。"

21. 将隐喻、类比和夸张（夸大）结合起来

布莱恩·卡特（Brian Carter）说："找出事物运行的模式，用隐喻的方法能让它变得搞笑起来。比如我讲到，有机产品的市场营销如果没有广告是不可能走红的，这就像开着一辆自己无法加油的汽车出门，能前进多少完全要看路人的心情。把比喻夸大一些会更有趣。我可以将它夸大为《星际迷航》当中的"进取号"，就如同"进取号"飞向新星系的时候没带双锂晶体，只能指望克林贡人出现施舍一点。这是我刚编的，可能不太好笑，我只是想展示这个过程（《星际迷航》粉丝能抓到笑点）。"

我们的目标是开心愉快，不是滑稽。

——道格·凯斯勒（Doug Kessler）

22. 带给观众画面感

雷吉·斯蒂尔说："喜剧藏在细节里，不要过火。只要有画面感就可以了。可以把观众当成盲人，或是假装自己在录广播。细节很重要。"

23. 跟踪媒体热点

跟进当下观众关注的热点话题，把自己的内容与热点联系起来。像约翰·奥利弗、斯蒂芬·科尔伯特、吉米·法伦等夜

间电视主持人都是个中高手，他们的走红让观众熟悉了以新鲜话题为笑点的搞笑方式。

24. 讲个段子

观众笑了，段子就有价值。拉吉夫·萨提亚说："如果还能把某个观点引出来就更好了。但这不是强制性要求。"他有一个最喜欢的段子，既搞笑又正派，适合用在商务演讲里：有个人进了修道院，发誓会保持静默。修道院允许他每过七年说三个字。第一个七年后，一位长者把他叫进来问他要说什么。他说："地好冷。"他们点点头把他送回去了。第二个七年过去了，他们又把他叫进来问。他清了清嗓子说："吃不饱。"他们点点头把他送回去了。又是七年过去了。他们把他叫进来问，他说："放我走。"其中一位长者看着他说："我不觉得惊讶。你自从来了就在抱怨，其他什么也没做。"萨提亚说，这个段子在任何场合都未曾失手过。而且很适合拿它来讲公司里的事，比如重组（每个公司都会重组）。

25. 虎头豹尾

用排在第二位的笑话开头，把最好的笑话留在结尾。

想要尽情地欢笑，你必须能够直面自己的痛苦，并和它嬉戏。

——查理·卓别林

26. 以最快的速度把内容过一遍

大声讲出来，速度越快越好，这样才能确定每一个字词、每一个部分，防止在正式演讲时卡壳。

27. 不要把大段的稿子带上台

如今，大多数组织者都意识到了讲台的缺陷，它在演讲人和观众间构建了一道屏障，你的稿子迟早会无处安放。最好彻底脱稿，如果你一定要拿点什么，也要做得隐蔽一些。可以写在水瓶标签上，也可以写在纸巾上。便条始终都要放在衣服的后兜里。如果你没有后兜，那就发挥创意吧。拿着稿子上台会让观众认为你没有完全准备好，同时也会搅乱思路和眼神接触。

28. 避免忘词

使用"记忆宫殿"技巧。最好能让记忆与周边的环境产生互动。理查德·萨瓦特说："就拿寿司段子来说，我想象出了一个寿司师傅，把他放在公寓大厅的电梯里，他正沮丧地戳着电梯按钮。这样他就和环境互动起来了，更易于我想象和回忆。想象不妨疯狂一些，这样记起来会更容易。在墨西哥印第安人的段子里，我让克利须那神戴了一顶墨西哥草帽。场景很滑稽，很难让人忘记。"

29. 关好衣橱

总统奥巴马、阿尔伯特·爱因斯坦和史蒂夫·乔布斯都会选择穿同类型的衣服出现在公众面前。有标准的演讲着装，意味着需要担心的事又少了一件。此外，在制作视频剪辑时也更加方便。

30. 穿深色、速干的衣服

站在公众面前演讲会耗费精力和注意力，所以你肯定会出汗。与其带着尴尬的汗渍，不如选择一些适合的衣服。此类服装面料有 100% 纯棉、亚麻、轻型美利奴羊毛、针织材料、条纹布、人造纤维、丝绸或速干面料。

31. 自我介绍不要等

在正式开讲之前，可以尽量向更多的在场观众介绍自己。它能降低舞台带来的界限感。不要拖到已经开始演讲后再介绍。

32. 避免怯场

这是身体在告诉你，我已经准备好了。对负面结果的恐惧刺激腺体分泌促肾上腺皮质激素。这种荷尔蒙会导致肾上腺素流入血液，这就是不适感的来源。此时身体处于高度警觉的状态。你已经做好了准备。要专注的拥抱这种感觉。这种感觉可以很快乐。你的身体正处于巅峰状态，足以面对挑战和麻烦的状况。

33. 表演前不要喝酒精类饮品

我们要享受这种高度紧张的状态。

34. 关注在你前面表演的三个人

你可以利用他们的段子，找到合适的方式引用，也可以保证自己的素材或主要观点与他们没有重叠。

35. 上台前拉伸

上台前，双手举过头顶做一个全身的伸展。它能帮助你克服紧张。

故事是对生活的一种创造性转化，它让生活变得更有力度、清晰、有意义。故事是人类交流的货币。

——**罗伯特·麦基**

36. 正确的自我介绍

主持人介绍时不要听天由命，一定要预先提供介绍词。很多主持人或司仪都喜欢即兴穿插段子。不要给他们开你玩笑的机会。你的名字只需出现一次，放在介绍的最后。在你的名字响起时，观众知道应该鼓掌了。

37. 让主持人来推销你

让主持人向观众解释你为什么有资格站在这里，大家为什么要听你讲，在单子上列出你做过什么，这样就不必自己再说一次了。你可以直接从故事讲起，而不是以自我营销的方式，按时间顺序罗列大大小小的成就。

38. 迅速上台

主持人介绍完毕（希望伴随着热烈的掌声），你就要立刻上台。掌声减弱的时候你就要到位开始讲话了。如果出于某种原因需要此时做一些调整，可以请观众为主持人或之前的演讲人再次鼓掌。

39. 情绪不高时活跃气氛

萨拉·库珀（Sarah Cooper）说："如果主持人没能在介绍时赢得热烈的掌声，也可以此时为自己向观众要掌声。你可以请观众为演讲人、主持人、之前的演讲人或是演出、会议、演讲的赞助商和组织者鼓掌。三次鼓掌后，这种惯性会延续整场演出。"

> 作为创作者，你的任务是让观众面对事物时，和你一样激动，一样沉浸其中，真实的生活可以做到这一点。
>
> ——瑞奇·热维斯

40. 不废话

除了索取必要的掌声之外，不要说废话。不要说："很高兴来到这里""站在这儿很开心""这是我第一次来这个城市""你们人可真多""哇哦，今天天气真好"等。直接开始讲。

41. 微笑并保持眼神接触

尽可能多与前排的听众进行眼神交流，这项工作要持续整场表演。在情感层面上，你要尽可能和更多的观众产生关联。如果你看起来是一副很享受、很开心的样子，观众也会被你的情绪感染。

42. 声音响亮，去掉"啊""嗯""但是"

话有些直白，但说话一定要大声一点，让观众能听得清。要让房间里的每一个人听清楚。如果你的声音能比日常讲话高出 20%，附加的好处就是无关用词（"啊""嗯""但是"）的使用频率会降低。我们用高于日常的声音讲话时，是很难"啊"或"嗯"的。虽然这样感觉有些奇怪，但观众听起来会很自然。

43. 别把话筒吃了

这应该属于"本能"类的知识，但现在的演员实在让人拿不准。千万不要小看紧张的魔力。新晋喜剧演员和演讲人总喜欢把话筒拿得很接近。把话筒离远一些，最好放在下巴以下。当我特别紧张的时候，会把话筒放在支架上，等到大家笑过几轮后，我就有信心了。镇定下来后，我就会把话筒取下来。

44. 相信自己和自己的内容

如果你表现出知道自己在做什么的样子，人们就会相信你，自信是会传递的。记住，观众心底是善良的。没人愿意看到演讲人或是演员失败。大家都希望你成功。只需要给他们一个相信你的理由。

45. 不要像喷雾一样扫射

表情友好地与观众进行眼神交流，一次约三秒钟。（时间再长就有点变态了！）转移视线可以在一句话说完后，可以在中间断句时，也可以在句中的暂停点。不要像喷雾一样对着观众来回扫射。这会让你的录影更上相。

46. 演讲不要说教

在舞台上多对话、少说教。这能让观众更加放松，让演出更像是一场亲切自然的讨论。

47. 表现出态度

古怪、惊艳、恐怖、艰难、愚蠢、震惊、热衷，这些词我们都可以用。可以把这些词放在开头或陈述内容里。它会让观众的注意力迅速集中。如果你希望观众对话题产生热情，那么一定要展示出热情。

48. 使用现在时态

不要写："我去走了走，看到了"，而要写"我边走边看到"。即便这件事发生在很多很多年前，也要给观众一种发生在当下的感觉，让观众看到整个场景在眼前展开。

49. 使用具有幽默感的词

信不信由你，在没有上下文的前提下，有些词生来就比其他词更有幽默感。尼尔·西蒙说："包含字母'K'的单词很搞笑。比如 Alka-Seltzer（泡腾片）和 Chicken（鸡肉），其中都有一个'K'。字母'L'就不好笑，'M'也不好笑。"《辛普森一家》的创作者马特·格罗宁宣称"内裤"比"内衣"要搞笑至少15%，因为"裤子"本身就搞笑。

笑过后才会开始凝神静听。

——杰弗里·吉特默

50. 尽可能与现场联系起来

可以提到某个富庶的地区、某项当地赛事、某地区遇到的特殊问题或挑战，这样的联系证明你对当地有所了解，而且颇有兴趣。

51. 利用背板

萨米·威格特说："演讲和传统脱口秀表演相比的一个巨大的优势是：在台上给观众准备了一块巨大的背板。"他长期从事喜剧表演，是 PPT 默剧喜剧秀的创始人，他建议："在搞笑的合成图像、表情包和 GIF 动图横行的时代，视觉幽默的效果被空前放大。想要幽默不光靠说，也可以用图像展示出来。"

52. 使用搞笑图片和视频

Reddit、Imgur 和 Pinterest 都是公认的搞笑图片存储地。关键是将图片跟你的话题联系起来，用图片来强化观点。你还是可以使用之前的结构进行写作，只不过要把图片和视频添加进去而已。先对图片做简要介绍，为观众建立起预期，然后让图片变成包袱抖出来，你也能把观众逗乐。接着，你可以紧跟一个连续笑点，对图片或视频做出评价，观众会笑得更厉害。

53 不要讲得太久

脱口秀演员都知道哪些是自己最好的素材，如果只讲这些，演出会非常出色。如果你对讲四十分钟没有信心，可以要求缩短时间。我只讲二十分钟，剩下的时间解答提问可以吗？会议组织者很少会拒绝。

54. 不要以问答作为结束

永远不要以问答作为结束。可以说："在正式结束之前，我打算回答几个问题。"如果你打算在演讲结束时留一个问答环节，一定要准备一张总结的幻灯片（最好有 3 个要点），然后附上临别赠言。

55. 用好双手

马特·莫拉莱斯说:"讲话的时候把手放在身体前方,不要垂在两侧。假装双手各拿了一个瓶子,垂下去水就会洒。或是双手端着几杯啤酒。当然,这对演讲没什么好处,但那个时候你也不会在乎了。"

56. 露出全身

如果有讲台,尽量不要站在后面。如果有话筒支架,等到你觉得合适的时候取下话筒站到一旁。观众总是要看到你的全身才会充分信任你。

57. 注意面部表情

从上台的一刻到下台为止,你的表情都至关重要。记得保持微笑。尽量与更多的观众保持眼神接触。试着和他们建立联系。

58. 了解观众

你可以针对观众的兴趣挑选素材,编排特定的段子。如果能在会议或演讲前拿到观众的名单,或是了解观众的来源、平均年龄和职位等就再好不过了。如果多数是游客,或是来自同一家公司和国家,准备时可以好好参考,尽自己所能组织出一些段子。

59.做成功的主持人

如果你是某个活动的主持人，注意把演讲人的名字放在介绍的最后。例如："女士们，先生们，下面演讲的是怪诞行为的倡导者、一位屡获殊荣的作家以及低配版的猫王模仿艺人。请以热烈的掌声欢迎（这里放名字）。"把名字放到最后可以建立起一种预期，同时告诉观众应当在哪里鼓掌。

> 大脑对无聊的事不感兴趣。
>
> ——约翰·梅迪纳

60.加入表演元素

双人对话很适合在舞台上面对观众进行表演。如果你能变换不同声音、口音，或是能切换语种，最好能写进剧本展示出来。不要耍花腔，除非你真的特别特别擅长模仿。最基本的原则是，家人和外国人相比，优先选择模仿家人！

61.做出令人印象深刻的事

萨米·奥贝德说："这是一把双刃剑。但'印象深刻'比'受人喜爱'更有力。"

62.善于扣题

结尾的扣题能把所有内容串在一起。你需要回到前面的内容（扣题），把观众反应强烈的部分再强调一次。可以是自己效果较好的段子，也可以是上一个演员博得哄堂大笑的段子。

63. 即兴创作

这种表演总能引发观众的哄笑，因为它确确实实发生在当下，是演员和观众之间的笑话。与经过充分准备的内容相比，即兴表演更具魔力和创造性。最优效果的喜剧应当包含脱口秀、讲故事和即兴创作的技巧。商务演讲者也是一样。一旦你有了很好的灵感，不要害怕即兴脱稿。

64. 利用舞台

如果你所站的舞台很大，利用它与观众多多接触。可以向着他们走过去，尽量扩大在舞台上的活动范围。不要因为紧张而四处乱跑。我们不希望分散观众的注意力。

> 一根蜡烛能点燃成千上万根蜡烛，但它的寿命并不会因此而缩短。分享快乐也不会使快乐减少。
>
> ——佛陀

65. 抖包袱时重点强调

讲到笑点或关键点的时候，可以迈向前方提高声音。这个组合动作确实可以强调重点，进一步吸引观众。同时也暗示观众要准备笑了。

66. 别忘了停顿

时机、节奏和停顿非常重要。表演是指怎样讲笑话，时机是指什么时候讲出来。适当的停顿可以引起观众的好奇。给大家时间来调整呼吸，制造紧张空气，然后，砰！包袱一下抖了出来。表演当中有些小调整会带来大效果，比如可以在句末提高声音。脱口秀演员认为要想学会把握时机，只能通过舞台时间练习。这句话确有道理，随着不断练习，演员会对讲故事、抖包袱愈发精通。

67. 让大家痛快大笑

在大家痛快大笑时停下来，给他们笑的时间，享受这一刻。等到掌声减弱时再开口。

68. 准备的素材和故事要健康

简单来说，腰部以下的段子要统统删掉。

69. 不要忽视干扰

如果你觉得厌烦，观众很可能也觉得厌烦。在打断对方前，要先对观众情绪进行确认。除非逼不得已，永远都要保持礼貌。记住，你要能够掌控观众。

幽默感是领导力的一部分，也是与人相处、处理事务的重要能力。

——德怀特·D. 艾森豪威尔

70. 重复、停顿后继续

突然遇到起哄或插嘴的，最简单的办法就是重复。如果明显是个很愚蠢的问题，只要重复一次，停顿一下，观众自然会笑起来。重复有多重目的。最重要的是，你争取到了思考的时间。你可以用这段额外的时间思考如何机智而自然地接下去，回应对方的问题、评论或关注点。有时做文字游戏也会带来不少笑声。

71. 不要效仿仓鼠

无论新手还是老人，大家都喜欢像可爱的宠物仓鼠一样双手握紧放在身前。还是把这样的仓鼠留在家里吧，出现这样的冲动时，也要有意识地控制自己。

72. 吸引注意力

下次再遇到聊天或找座位的观众，如果观众能听到你的声音，请他们为你鼓掌。一旦有人开始鼓掌，请大家一直鼓下去，直到聊天的人也停下来加入大家。观众就像鸟群，行为会自然而然地趋同。他们会认为你说了一些值得鼓掌的趣事，害怕自己错过精彩的内容而加入进来。现在你调整好可以重新开始了。

这个开场我从未失手过:"如果能听到我,请鼓掌示意。"

73. 对自己的笑点有信心

布兰登·斯考特·沃夫(Brandon Scott Wolf)说:"你的段子很好笑,对它们有点信心。抖包袱时着重强调,然后给观众一点消化的时间,他们就会笑起来。"

74. 把无聊留给自己

萨尔·卡兰妮(Sal Calanni)说:"自己觉得无聊的事不要讲出来。如果自己讲的时候都觉得无聊,观众肯定也不喜欢听。"

> 除非行动起来,否则梦想永不会实现。
>
> ——玛雅·安吉罗(Maya Angelou)

> 娱乐必须放在广告前。决不能反过来。
>
> ——克里斯·埃文斯(Chris Evans)

75. 用恰当的计划避免糟糕的表现

过度的准备使你能够面对任何情况。有了知识和信心,在台上发生任何事你都能够处理,这会在一定程度上减轻你的恐惧感。所有的练习都是值得的。只要情绪镇定,不断排练,把材料烂熟于胸,上台后你会比从未练习过的人好得多。毕竟正如马丁所说："坚持是天分最好的替代品。"

76. 永远不要超时

练习控制时间的能力，争取永远不超出分给自己的时间。如果没有时间限制，尽量给自己做个限制。这样才能强迫自己返回头来删掉不必要的词语和内容，做一个极简主义者。用最少的词获得最大的效果。

77. 分段计时

分解演讲稿，分段记录时长（例如介绍、概述、额外的细节、故事的元素、数据部分、经验教训以及总结要点）。熟悉了每个部分的时长后，表演才会更加精彩。如果演讲时间缩短，你也可以迅速做出调整。

78. 永远都在调试

每次登台都用视频或音频记录下来重新回看或回听。要做到对表演满意，但绝不满足。这就是永远调试的含义，永远有改进的空间，这是一名成功演讲人应有的眼界。

79. 享受其中

享受其中，尽情游戏，开拓思维。如果你玩得开心，观众也会感同身受。

脱口秀的目标就是做回自己，越成功就越好笑。

——杰瑞·宋飞

80. 不要指望天赋

最后一点同样重要，它来自爱尔兰脱口秀演员迪伦·莫兰。

莫兰说："千万别信这套！别指望自己的天赋。你绝对会搞砸的。别去想了，反正天赋这东西就像银行存款，存货总比你想的要少。"

正如马克·吐温所言："人类有一件真正有力的武器，那就是笑。"这件武器永远都有存在的价值。多数演讲真的都很无聊。试试这些窍门，你会与众不同。

这八十个窍门可在 http://www.7comedyhabits.com/80tips/ 免费获取。如果你觉得其他人也用得上，请与他们分享！

致　谢

如果没有下面这群人，我不可能克服掉恐惧心理，找到这么多快乐：

无论我的计划有多么怪异，我的父母特里克·尼希尔和玛丽塔·尼希尔（Marita Nihill）都在一直支持我。在我卡壳的时候，初版的编辑尼尔斯·帕克（Nils Parker）让这本书变得更有趣，更易读。黛比·哈姆森（Debbie Harmsen）凭借自己出色的技术帮助我完成了版本更新。安德里亚·索姆伯格（Andrea Somberg）和格伦·耶瑟斯（Glenn Yeffeth）也是本贝拉出版社优秀的员工，是他们的智慧和付出让这本书呈现在了你眼前。安娜·卡洛琳·藤原（Ana Carolina Fujihara）一直鼓励我进行这场试验，此外还给了我很多很多美好勉励。阿拉什·巴亚特马克始终在用自己的进步激励我，并且自始至终都在给我反馈的意见。爱娜卡·凯拉卡拉卡（Inanc Karacaylak）和乔希·塞瑞奇诺（Josh Cereghino）帮我打开了许多扇大门，而且尽他们所能地提供了帮助。

还有很多人分享了自己的智慧，提供了不断的帮助：菲利普·马登（Philip Madden）、大卫·豪利（David Howley）、马特·埃尔斯沃斯（Matt Ellsworth）、马克思·阿尔特舒勒（Max Altschuler）、乔丹·哈宾格（Jordan Harbinger）、毛利西奥·范盖拉（Mauricio Vergara）、拉赫曼·布莱克（Rachman Blake）、黛比·道林（Debbie Dowling）、蒂姆·李（Tim Lee）、威廉·麦卡锡（William McCarthy）、达拉赫·莫赫（Darragh Moher）、亚兰·费舍尔（Aram Fischer）、汤姆·莫克（Tom Morkes）、劳拉·贝克斯（Laura Bekes）、艾琳·泰勒（Erin Tyler）、皮特·麦克劳（PeterMcGraw）、亚历克斯·麦克拉弗蒂（Alex McClafferty）、大卫·赖安（David Ryan）、伊娃·哥伦－拉方丹（Eve Grenon–LaFontaine）、达拉·赫弗林（Darragh Flynn）、萨尔·卡兰妮、罗南·柯林斯（Ronan Collins）、卡比尔·辛格（Kabir Singh）、马特·莫拉莱斯、盖伊·文森特（Guy Vincent）、艾米莉·爱泼斯坦·怀特（Emily Epstein White）、玛丽亚·加利亚诺（Maria Gagliano）、比尔·格伦菲斯特、安吉莉卡·H. 萨尔塞达（Angelica H. Salceda）、杰夫·扎玛拉（Jeff Zamaria）、迈克尔·马戈利斯（Michael Margolis）、克里斯·林德兰德（Chris Lindland）、查德·萨瓦特、安德鲁·斯坦利（Andrew Stanley）、杰夫·克莱斯勒、休·古林（Hugh Gurin）、劳拉·蒙提（Laura Montini）、安德鲁·塔温、斯科特·桑德斯（Scott Sanders）、道格·科德尔（Doug Cordell）、

蒂芙尼・理查森（Tiffany Richeson）、唐・里德（Don Reed）、布列塔尼・卡莫斯陈（Brittany Kamerschen）、马克・麦克米兰（Mark McMillian）、詹姆斯・迪尔沃思（James Dilworth）、杰森・斯坦伯格（Jason Steinberg）、大卫・斯平克斯（David Spinks）、吉尔・泽莫尔（Gil Zeimer）、安德鲁・斯拉瑟（Andrew Slusser）、安娜・麦金农（Anna Mackinnon）、鲍勃・艾尔斯（Bob Ayres），等等。

舞台时间，舞台时间，舞台时间：非常感谢那些给我登台机会的人。那些很难推开的门全都为我敞开了。

感谢所有为脊髓伤患义演的脱口秀演员，他们都付出了自己的时间与才干：蒂姆・李、斯科特・卡普罗（Scott Capurro）、科伦・厄斯金（Kellin Erskine）、萨尔・卡兰妮、雷吉・斯蒂尔（Reggie Steele）、马特・莫拉莱斯（Matt Morales）、卡比尔・辛格、布伦丹・林奇（Brendan Lynch）、戴蒙・弗格森（Daymon Ferguson）、德雷宁・戴维斯（Drennon Davis）、尼克・斯塔古（Nick Stargu）、约瑟夫・赖伦林（Josef Anolin）、乔・托宾（Joe Tobin）、凯文・门罗（Kevin Munroe）、科迪・伍德（Cody Woods）、本・费尔德曼（Ben Feldman）、莱德・斯科特（Red Scott）、爱莉丝・本森（Iris Benson）、卡瑟曼・宾利（Kaseem Bentley）、桑德拉・里瑟尔（Sandra Risser）、克莱・纽曼（Clay Newman）、丹・圣保罗（Dan St. Paul）、胡安・梅迪纳（Juan

图书在版编目（CIP）数据

如何成为讲话有趣的人 / (爱尔兰) 大卫·尼希尔著；
袁婧译. -- 成都：四川文艺出版社，2019.7（2020.5 重印）

ISBN 978-7-5411-5346-4

Ⅰ.①如… Ⅱ.①大… ②袁… Ⅲ.①语言艺术—通俗读物 Ⅳ.① H019-49

中国版本图书馆 CIP 数据核字 (2019) 第 067949 号

Do You Talk Funny?: 7 Comedy Habits to Become a Better (and Funnier) Public Speaker
by David Nihill

Copyright © 2016 by David Nihill

Simplified Chinese translation copyright © 2019 by Ginkgo (Beijing) Book Co., Ltd.

Published by arrangement with BenBella Books, Inc. through Bardon-Chinese Media Agency.

ALL RIGHTS RESERVED.

简体中文版权归属于银杏树下（北京）图书有限责任公司

版权登记号 图进字：21-2018-70

RUHE CHENGWEI JIANGHUA YOUQU DE REN

如何成为讲话有趣的人

［爱尔兰］大卫·尼希尔 著

袁婧 译

选题策划	后浪出版公司
出版统筹	吴兴元
责任编辑	陈雪媛
特约编辑	王顿
装帧制造	墨白空间
营销推广	ONEBOOK
责任校对	汪平

出版发行	四川文艺出版社（成都市槐树街 2 号）
网　　址	www.scwys.com
电　　话	028-86259287（发行部）　028-86259303（编辑部）
传　　真	028-86259306

邮购地址	成都市槐树街 2 号四川文艺出版社邮购部　610031		
印　　刷	北京天宇万达印刷有限公司		
成品尺寸	143mm×210mm	开　本	32 开
印　　张	6	字　数	120 千字
版　　次	2019 年 7 月第一版	印　次	2020 年 5 月第二次印刷
书　　号	ISBN 978-7-5411-5346-4		
定　　价	38.00 元		

后浪出版咨询（北京）有限责任公司 常年法律顾问：北京大成律师事务所
周天晖 copyright@hinabook.com
未经许可，不得以任何方式复制或抄袭本书部分或全部内容
版权所有，侵权必究
本书若有质量问题，请与本公司图书销售中心联系调换。电话：010-64010019